名师名校名校长

凝聚名师共识

回应名师关怀

打造名师品牌

培育名师群体

程明远题

名师名校名校长书系

教育
要给生命
以光亮

一位校长的教育实践
经验总结与思考

杨水旺 / 著

东北师范大学出版社

长 春

图书在版编目（CIP）数据

教育要给生命以光亮：一位校长的教育实践经验总结与思考 / 杨水旺著. — 长春：东北师范大学出版社，2019.3

ISBN 978-7-5681-5545-8

Ⅰ.①教… Ⅱ.①杨… Ⅲ.①基础教育—教育研究 Ⅳ.①G63

中国版本图书馆CIP数据核字（2019）第042490号

□策划创意：刘　鹏
□责任编辑：张　露　沈　佳　　□封面设计：姜　龙
□责任校对：刘彦妮　张小娅　　□责任印制：张允豪

东北师范大学出版社出版发行
长春净月经济开发区金宝街 118 号（邮政编码：130117）
电话：0431-84568033
网址：http：// www.nenup.com
北京言之凿文化发展有限公司设计部制版
廊坊市金朗印刷有限公司印装
廊坊市广阳区廊万路 18 号（邮编：065000）
2022年6月第1版　2022年6月第1次印刷
幅面尺寸：170mm×240mm　印张：12.5　字数：205千

定价：45.00元

序 言

    我经常会反复思考这样的问题：教育到底与生命之间是怎样的关系？教育最终使生命有了怎样的变化？教育在生命的发展、延续、传承中起到了怎样的作用？这样的作用又在社会进化中有着怎样的贡献？

    虽然我不能准确地、完美地表述和理解这其中的本质定义和内涵，但我还是感悟到，教育就是使教育者和受教育者在教育过程中内心世界同时获得一种独特的体验，并在这样的体验基础上，不断地形成一种完善而又独立的生命个体，并使已经获得独特性的生命体验得以彰显和作用于自然世界之中，贡献于社会发展之中，影响于社会历史之中。而且，我们期望，教育的过程还能使教育者和受教育者之间的关系不断发生积极向上地转变，这种转变的结果是使生命个体越来越具有独特性，越来越丰富，越来越具有鲜活力、创造力，其生命个体的价值越来越得以体现，得以提升，得以丰富、发展和延伸。

    基于这样的认识和理解，教育因此就成为浸透了生命体验、生命理解、生命发展和生命实践的过程。教育对象也因此变成具有独特性的生命个体，既是不断生成中的生命个体，又是具有选择权利并不断具有主动选择能力的生命个体，还是处在教育关系中的独立的生命个体。教育者也因此变成与受教育者具有平等关系的，且在教育过程中发挥着主动、积极作用的生命个体，其生命的本质功能和发展期望与教育对象的生命个体是完全一样的。

    因此，我们思考、探索和定位我们的教育，应该遵循以下几个方面：

    （1）教育要遵循生命的自然之道，真正地让学生和教师都作为具有个性特征的生命个体，在教育过程中都得以彰显本质、提升价值、丰富内涵，让每一个处在教育关系中的师生都能获得生命的不断再生。

    （2）教育要公平地对待每一位师生，使每一位师生都能在不同的内心体验中成长；教育资源要公平地为每一个人开放；教育要循序渐进，切忌急功近利。

    （3）教育就是生活，教育就是生命发展的经历和体验，既不可揠苗助长，也不可"工业化生产",更不可"一刀切"评价。

(4)教育切忌功利,不能把部分当作整体,要真真切切地为处于教育关系中的所有人着想,让每一个人既能为别人服务,又能让自己得到体验和快乐。

(5)学校、家庭、社会、政府机构、社区和教师、家长、学生等都是处在教育关系中的单位和个体,应该各负其责,不可越俎代庖,不可颠倒关系,不可违背规律和混淆角色。

(6)教育的良性发展建立在教育关系的和谐平衡基础之上,教育改革就是不断纠正教育关系的偏差和教育内容的偏差,使其符合时代发展的需要,既不是"让一部分人发展了,而另一部分人落后了",也不是"人能够一部分区域发展了,而另一部分区域落后了"。

(7)教师的专业化发展,其实质就是教师要在教育关系中发挥最大的教育功能和作用,其目标期望是:既要让学生发展,学生的全面成长是教师专业化发展的最终目的和目标,也要让教师在其中得到发展和提升。只有教师的发展而没有学生的发展是对教师专业化发展的误解和歪曲。

(8)学校的文化建立和特色建设,其本质是为处于教育关系中的所有人提供良好的环境和平台,而不是为了荣誉和好看、好说、好听,不是景色、景观和景象,没有文化沉积的学校文化和面向个体的特色建设只能是昙花一现和功利。

(9)学会自我驱动、自我控制、自我主动发展是教育的最高追求,知识、能力、品行、人格等不单只在学校课堂中学到,生活中的每时每刻,任何场所都是学习、体验、实践和成长的时机和平台。

(10)教育者和受教育者之间没有一成不变的规定,其角色可以随时转变,人的一生永远扮演着这两个角色,只要生命不止,就要接受教育或成为教育者。终身学习和终身服务,很好地诠释"成长就是生活,生活就是成长;教育就是生活,生活就是教育"。

杨水旺

2018年10月

目 录

第一篇 教育理解

教育要遵循教育的自然之道 ………………………………… 2

教育的生命之维 …………………………………………… 7

教育的国际化、现代化是需要，更是责任 ………………… 8

第二篇 学校发展

课程改革推进素质教育 内涵发展提高教育质量 ………… 14

创新学校文化 打造文明校园 …………………………… 18

创校园文化特色 树素质教育品牌 ……………………… 24

运用"现代人文"理念 打造"现代文化"学校 ………… 28

走信息教育之路 建网络数字校园 ……………………… 32

凸显家庭教育应有的教育功能和价值 …………………… 38

崇国学之美 承传统之道 ………………………………… 42

浅谈现代学校制度建设的八个关键 ……………………… 46

以卓越绩效管理模式推进现代学校制度建设 …………… 48

精心打造学校文化 创办人民满意教育 ………………… 54

第三篇 课堂改革

生态课堂的设计与探索 …………………………………… 60

学习化课堂环节的设计与思考 …………………………… 63

在课堂中静听花开的声音 ·· 66

"组结式"国学教学模式初探 ·· 68

第四篇　校本培训

关于教师校本培训的思考 ·· 78

创新校本培训模式　促进教师专业成长 ······················ 82

互动式网络研修的探索与实践 ····································· 87

构建网络"学问模型"　落实"五定三有"机制 ············· 93

第五篇　学生发展

培养关键能力　激发核心能量 ····································· 98

学校文化伴我行 ··· 101

明道立德　知行合一 ··· 103

第六篇　督导评估

做引领划时代发展的教育督学 ···································· 106

在督导中进步　在评估中发展 ···································· 108

评估给力　借风远航 ··· 112

以人为本办教育　和谐发展创特色 ···························· 113

第七篇　总结提升

黑白小棋盘　教育大天地 ·· 148

培育和德学校文化　塑造和美西湾人 ……………………………… 154

第八篇　述职感悟

精神培育是学校发展的原动力 ……………………………… 164

把握好学校发展的关键期　创办高水平的现代化学校 ……… 170

教植根本　立德树人　担当使命　献身教育 ……………… 173

让学校精神引领学校发展 ……………………………… 176

以生态化思想办学　以和德文化育人 ……………………… 178

和德做人　和雅处事　和谐共生 ……………………… 181

传承和德文化　建设和美校园 ……………………………… 184

第一篇

教育理解

教育要遵循教育的自然之道

一、教育如水——对教育自然之道的认识与理解

水乃自然之物。水有八德：奔流不息，进取之德；哺育万物，奉献之德；水滴石穿，柔韧之德；一碗水端平，公正之德；源头活水，创新之德；甘心处下，谦虚之德；流水不腐，清廉之德；以水为净，包容之德。

"天下之物，莫柔弱于水，然而大不可极，深不可测，修极于无穷……上天则为雨露，下地则为润泽；万物弗得不生，百事不得不成。大包群生，而无好憎……击之无创，刺之不伤，斩之不断，焚之不然……与万物始终。是谓至德。"（《淮南子·原道训》）"上善若水，水善利万物而不争，处众人之所恶，故几于道。"（《老子·八章》）

教育如水，顺其自然方成道，法其本质乃见真。教育是服务人的事业，是塑造人的工程，教育能构建人的品性，丰富人的灵魂。教育的品质：进取、柔韧、奉献、公正、创新、谦虚、清廉、包容、遵循规律、探究本质。

从事教育工作近30年，我接触过小学教育、中学教育、大学教育，其中最有成就感的是小学教育工作。我眼里的小学生就像小树、小草、小鱼……他们要成长，要自由，要快乐。他们要形成自己性格特征的培养，而且每个人生来就处于不同的环境，生长于不同的土壤，所需要的滋养也不同。所以，教育要遵循每个生命个体生长的需求，如水一般去滋润和播撒。

教育，绝不是"工业化生产"，不需要统一的"产品"，要如同大自然所形成的规律一般，不仅有春、夏、秋、冬，还要有疾风骤雨、和风细雨。教育，不急功近利、揠苗助长，不随波逐流、厚此薄彼。

办学理念：办好学，让每一个学生上好学，上好每一堂课，教好每一个学生。

发展思路：文化立校，和谐发展。

价值取向：努力奋斗，顺其自然，得之淡然，失之泰然。

座右铭：为孩子全面负责，为孩子终生着想。

校训：忠于祖国，服务人类，对孩子全面负责。

荣根精神：荣耀中华，根植自强。

二、成真梦想——对教育自然之道的遵循与追求

有一位老师问一群小学生："一天晚上，家里的电灯突然坏了，该怎么办？"甲学生回答"找爸爸修理"。乙学生回答"找电工叔叔修理"。丙学生回答"点蜡烛"。丁学生回答"睡觉吧"。还有学生回答"去宾馆住""去外面抓萤火虫回来照亮""出去玩会儿""静静地在黑暗中坐会儿""默默地完成老师布置的背诵作业""正好玩捉迷藏游戏"……学生问老师："谁说得对呀？"老师回答："同学们的答案都对。"上海闸北八中的刘京海校长说过："什么是孩子？孩子就是每天都在做梦的人。"什么是教育？教育就是让做梦的人梦想成真，其自然之道就是发现每个学生的优势智能并引导和发展，使其实现梦想。遵循教育的自然之道就是尊重和认可孩子的梦想，引导和发现孩子的梦想，实现和发展孩子的梦想。

自然的教育应从以下五个方面去做：

（1）在学生优势智能基础上，帮助学生树立正确的理想。

（2）培养实现理想的坚韧精神。

（3）养成良好的习惯。

（4）培养具有符合时代发展的情感。

（5）教其具备扎实的文化科学知识基础。

这里的关键是在理想、精神、习惯、情感和知识中，不可只重其一，更不可只重知识。当今教育的最大弊端是不能平衡发展，只把知识放在第一位，知识成了学生的最大负担，分数成了学校、老师的负担，在知识、分数的"大树"下，其余的一切都是不足为道的"小草"，甚至"大树底下寸草不生"，严重背离了教育的本质，背离了人全面发展所需要的基本要素，使教育偏离了方向，偏离了宗旨。教育切忌千军万马过"知识之桥"，忽略人的个性特征，

忽略作为生命个体应有的生长规律和生理、心理发展的规律。

目前，学校教育中出现的"重男轻女""自杀现象""心理问题"等都与此有关。近几年，我校提出了坚持开放教育，探索"四育"途径，即"命育"——生命教育，"心育"——心理教育，"文育"——文化教育，"能育"——能力教育，倡导师生做"学习型、发展型、幸福型、奉献型"的人，学会做人，学会学习，学会生存，学会做事，学会健体，构建学生、教师、家长、学校、社区、家庭和谐一体的文化、情感、利益共同体和具有相同认识的生命价值共同体。传承和积淀具有学校特征的传统文化，我们总结归纳为"成功是由目标铺设而成的""细微之处见品质""没有任何借口""思考是勤奋的眼睛""借事炼心"五句话。坚持以"关爱他人"为核心主题开展德育工作，使学生在实践活动体验中逐渐学会关心同学、关心父母、关心师长、关心学校、关心国家。开展"我的责任"主题活动，使学生不断增强自我约束力和自我驱动力，做到成事先成人，在成事中成人，在成人中成事；对人感恩，对己克制；对物珍惜，对事负责；胸怀大爱，畅想大梦；科学求真，人文求善，艺术求美；以诚养德，以静修心。

法国启蒙思想家卢梭在1762年出版了一部教育哲理小说《爱弥儿——论教育》。在这部五卷本的长篇巨著中，卢梭不仅阐述了他的社会政治理想，而且尖锐地批判了腐朽的封建教育。他认为，教育要顺应人的自然本性，反对成人不顾儿童的特点，按照传统与偏见强制儿童接受违反自然的教育。他认为，遵循自然的教育，必然是自由的教育，自然的教育必须保护儿童的自由，使其身心得到自由的发展。卢梭坚决反对压制儿童的个性，他要求尊重儿童的自由，让儿童有充分自由活动的可能与条件。两百多年后的今天，卢梭的思想依然值得我们思索与探讨。

三、崇尚真善美——对教育自然之道的实践与创新

教育是一项从人性出发，崇尚真善美的事业。从事这项事业的人唯有以爱心、宽容、博学、睿智为出发点，站得高，看得远，才能看到其本质；唯有以宁静平和之心态，才能得到其自然的真谛。大爱是教育的本源，教育只有充满了爱，才能进入学生的内心深处。爱是推动教育创新的动力之源，爱使学生

"亲其师，信其道"，教师的爱塑造了学生的品格。教师只有具有渊博的学识、清明的才智、通达的性情、宽广的胸怀、高贵的修养，才能在潜移默化中传递其精神，才能让生命飞扬，让生命灵动。

所以，构建和谐、自然的学校文化，鼓励每个生命个体在一切可能的方向上探索；走科研之道，让每一位教师的教育实践过程同时成为研究过程，让学校成为智慧的汇集之地，有智慧的集会、智慧的流动、智慧的碰撞、智慧的再生，才能让学校成为学习场、文化场、发展场，成为教育的理想之场。

为了实现这个目标，我校从三个方面进行了实践和探索。

（1）确立了适合学校的发展策略，即"文化立校，和谐发展"

① 丰富和发展荣根精神，创新思想文化。

② 构建学生的校本课程体系，创新课程文化。

③ 以"小连环"教学为载体，创新校本教研文化。

④ 建设数字化校园，创新校园网络文化。

⑤ 以"关爱他人"为核心主题，创新育人文化。

⑥ 优化整合环境资源，创新校园环境文化。

⑦ 构建现代学校制度，创新学校制度文化。

⑧ 以"我的责任"为内容，创新学校管理方法。

⑨ 以人的全面发展为出发点，创新学校艺体文化。

⑩ 加强教育交流，创新学校人际文化。

（2）开创了一套适合学校自身发展的模式，被誉为"八化模式"

"八大模式"即学校建设生态化、设施设备现代化、教学手段信息化、内部管理精细化、师资培训校本化、教研科研系列化、养成教育课程化、艺体教育多元化。

（3）推出了一套全面实施素质教育的新举措

① 更新教育理念，强调教育公平。

② 改进教学方法，构建有效课堂。

③ 突出养成教育，培养学生人格。

④ 拓展艺体平台，关注个性发展。

⑤ 加强"三方"合作，延伸教育途径。

⑥强化信息技术，加快手段更新。

⑦创新校本教研，强化课题研究。

⑧加强教师培训，强调专业发展。

⑨探索"四育"途径，促进全面发展。

⑩加强国际交流，拓展国际视野。

近年来，通过实践和探索，让荣根学校喜获丰硕成果，先后被评为深圳市和广东省一级学校、广东省校本教研先进学校、爱国基础教育全国示范学校、全国艺术教育先进单位、全国科普教育实验学校、全国青少年文明礼仪普及教育示范基地、全国中小学校园文化建设示范学校……

教育是一湾清如许的流水，只有真情，才可唤起共鸣；只有爱和奉献，才是吹面不寒的杨柳风，让我们用真情写出教育的精彩，用真心写出教育的灵动。

教育的生命之维

当我们把生命的概念纳入教育体系中的时候，就意味着我们要从教育的本源去观察、理解和思考教育及教育活动的现实与未来，意味着对教育的思考将从生命出发，并以此为核心，建立对教育的视野与视域，并形成对教育的新概念、范畴、思维方式和逻辑体系。教育的历程就成为一种探索生命发展的历程，教育因此成为浸透生命体验、生命理解的过程，教育对象成为具有高度可塑性的生命个体，成为不断生成中的生命个体，是具有选择的权利和有待被赋予主动选择能力的生命个体，是具有开放性的生命个体，是处在教育关系中的生命个体。

《寻找生命中的重要他人》和《在遗憾中成长》提醒我们通过实践去理解生命的方式，理解教育和感悟教育。教育的使命就是使教育者和受教育者获得一个特殊灵魂的内心世界的独特体验，形成一种完善而又独立的生命体，并使已经获得独特性的生命得以彰显于众。其预期目标在于，使教育者、受教育者之间的关系发生积极向上地转变，而转变的结果是使生命个体越来越具有独特性，越来越丰富，越来越富有蓬勃的生命力、创造力，而且越来越能够把这种生命个体展现于世界之中，映现于其他生命个体的视野之中。同时，提醒我们，作为教育者，要给生命以教育的光亮，给生命以呵护，使我们的教育世界不仅是直面生命的世界，生命实践的世界，而且是生命得以不断生成和丰富的源头活水。

李大钊先生说，"人生的目的，在于发展自己的生命"。法国哲学家阿尔伯特·史怀泽说，"人的生命延续依赖教育，生命是教育起源的基础"。罗曼·罗兰说，"生命像一粒种子，藏在生活的深处，在黑土层和人类胶泥的混合物中，在那里，多少世代都留下他们的残骸。一个伟大的人生，任务就在于把生命从泥土中分离开。这样的生育需要整整一辈子"。

那就让我们用一辈子来寻找黑土地里的生命和寻找生命中的重要他人吧！

教育的国际化、现代化是需要，更是责任

有经济学家预言，如果中国在社会和政治上平稳发展，在经济上无重大失误，那么，在未来20年中维持8％的GDP增长率应该没有问题。据此说法，10～20年之后，中国的经济总量就决定了中国必然的大国角色。还有学者认为，20～30年后，中国将成为一个真正的民主法治国家，将与美国、欧洲并列成为世界强国。然而，作为教育者的我们需要思考的是，我们准备好了吗？我们的教育培养出的人才到时候能不能承担起与国家地位相匹配的责任呢？

《国家中长期教育改革和发展规划纲要（2010—2020年）》明确指出："到2020年，基本实现教育现代化，基本形成学习型社会，进入人力资源强国行列。"广东省、深圳市对此也明确指出，要率先实现教育现代化。面对教育现代化的宏图，我们必须清晰地看到，教育现代化的硬件建设和刚性指标的实现相对比较容易，但教育理念、教育体系、教育模式、教育体制等教育软件建设，任务更加艰巨。

在全球化时代，任何一个国家都不能忽视教育与全球政治、经济、社会、文化发展的密切关联，也不能自给自足"关起门来办教育"，教育正从学校的有限空间里，从国家边界中解放出来，走向更广阔的世界，显现出蓬勃的生命力。

因此，教育的现代化、国际化就自然而然地成为当今教育发展必然的话题和方向，而且是相互渗透、浑然一体、不可分割的，也就是说，教育的现代化必须要国际化，而国际化也必须要现代化。为此，我们在努力使教育发展向着国际化、现代化方向迈进的过程中，一方面要将我们的目光放远，要放眼全球，面向世界；另一方面要脚踏实地，立足自我。从全球着眼，从自身着手既要着眼国际化，又要着手现代化。同时，我们还必须从以下几个方面不断创新，不断变革，不断走向新的辉煌。

一、教育战略思想必须不断更新

21世纪，人类已经步入了知识经济社会，在此背景下，知识的发展已经成为一个国家国力强弱的首要标志，知识经济发展依赖于人力资源开发，人力资源开发依赖于国家教育对创新人才的培养，作为知识经济基点的教育也必将上升为经济和社会的首要发展。因此，世界大国和经济强国纷纷出台相关政策，将教育提升到国家战略的高度，"教育立国""教育强国"等理念的提出和说法不绝于耳，这种教育战略思想的变化必将带来教育的根本性变革。

二、教育战略路径必须不断更新

教育战略路径往往取决于教育战略思想和教育战略使命，而教育战略使命对教育战略具有决定性意义。《国家中长期教育改革和发展规划纲要（2010—2020年）》中，把"普及教育""公平教育""素质教育""全面发展"和"提高质量""优质教育""终身教育"作为实现教育现代化的战略主题和使命，从而决定了未来我们的教育战略路径要在以下几方面变革和更新：

（1）教育评价坚持以人为本，全面实施素质教育，坚决摒弃事实上的"应试教育"，真正地实现教育以人的全面发展为核心。

（2）在教育侧重点上，由注重基础教育转向"抓两头，带中间"，即注重早期教育和高等教育，包括职业技术教育的方向发展。

（3）加强教师队伍建设，努力建设一支师德高尚、业务精湛、结构合理、充满活力的高素质、专业化教师队伍。

（4）加大教育投入。

（5）加快教育信息化进程。

（6）推进依法治校，完善教育法律体系，从严治校，加强教育督导、教育执法和监督职责。

三、教育战略使命必须不断更新

随着我国国力的不断增强，教育使命也随着发生了根本性的变化，"为全球竞争做好准备""为全人类的和谐发展做好准备""为未来世界和平发展做好准备"等提法已成为教育的神圣使命。正因如此，通识教育成为当下一个热议的话题，其实，这一话题的本质就是"今天我们该如何培养人""该培养怎样的人"，也就是是教育国际化、现代化的问题。有学者提出，未来教育首先应该培养学生具备以下几方面的能力：

（1）必须有精细而有效的思考能力和写作能力。

（2）对自然和人文有批判性的理解。

（3）有全球视野，有独立思考的能力，同时在与人相处和沟通的过程中，养成宽容、尊重、公正和坦诚的精神。

（4）了解而且注重道德和伦理问题。

（5）应该对自己的专业知识领域有深入的研究，并达到介于广泛知识能力和专业成绩之间的程度。

如果我们培养的学生具备了以上这些基本能力，就能担当起未来10～20年与中国地位相匹配的各项责任，而要实现这一培养目标，教育的战略使命就必须在以下几个方面更新：

（1）不断实现教育的国家化，教育的国家化是实现教育战略目标的根本路径。

（2）全社会要致力于发展教育，要加强学校、家庭、社区的合作，提高整个社会的教育能力，千方百计提高家庭的教育能力，人力培养要适应社会的需求，创造随时随地可供学习的环境。

（3）营造高品质的教育环境，提供优质的教育，确保儿童安全、快乐、安心地成长，确保学校设施设备的安全以及学生在校内外的安全；推进学校图书馆、教材的信息化建设，积极积累并利用教育研究成果，大力扶持和资助民办教育；确保教育机会均等，推进对学生的科研奖励制度等。

（4）培养兼备通识、专识和知识丰富的人，为社会发展提供强大的人力资源支持，切实加强国际的教育交流，培养学生的创新、创造能力，改革课程体系，适应社会发展需要。

（5）在尊重个性发展的基础上拓展能力，确保每个人掌握包括知识、技能、思维力、判断力、表现力、学习愿望等在内的全面发展的综合能力；鼓励学校自主创新，改善教育教学环境，加强教师与每一个学生的沟通，培养学生的公民规划意识、道德伦理观念；加强幼儿教育，加强特殊教育，加强教材、课程改革等。

　　教育的现代化、国际化是一项既让人期待、激动，又十分艰巨的目标和愿景，荣根学校近年来一直在努力尝试着朝这一目标迈进，学校提出的探索"四育"途径、拓展国际视野、培育民族精神、强化学校特色、提高师生素质的办学思路也正在不断的实践和推进之中，许多方面已取得了令人可喜的成绩。相信，只要我们不断地追求教育的全面卓越，追求人的全面发展，追求教育生命的全面光亮，我们的教育就一定能担负起未来中华民族肩负的神圣职责和使命。

学 校 发 展

第 二 篇

课程改革推进素质教育　内涵发展提高教育质量

提高师生素质，巧教巧学，践行课改理念；

规范教学行为，善导善管，谱写教育新篇。

下面，我将向大家汇报我校落实课程改革，推进素质教育，提高教学质量的做法与体会。

一、创新学校文化，确立符合时代发展和教育国际化、现代化要求的办学理念

新时代背景要求学校必须站在社会发展和知识经济时代的最前沿，规划和思考学校的办学方向和办学目标。为此，荣根学校确立了"办好学，让每一个学生上好学""上好每一堂课，教好每一个学生"等办学理念，提出探索"四育"途径，实施"五精"工程，落实"六项"常规，坚持"八项"修炼，倡导"九种"精神，打造"十大"特色的发展思路，坚持走"内涵式"发展道路。

（1）更新教育理念，强调教育公平。

（2）改进教学方法，构建有效课堂。

（3）突出养成教育，培养学生人格。

（4）拓展艺体平台，关注个性发展。

（5）加强"三方"合作，延伸教育途径。

（6）强化信息技术，加快手段更新。

（7）创新校本教研，强化课题研究。

（8）加大师培力度，强调专业发展。

（9）探索"四育"途径，促进全面发展。

（10）加强国际交流，拓展国际视野。

二、实施多措并举，在教育实践中不断走出符合学校教育本真的教育实践之路

1. 以人为本，搭建"四育"平台

基于对生命的热爱和尊重，对人的心理、生理、生活健康与和谐的关注，对掌握科学文化知识、创新精神、实践能力的全面理解和践行，学校于2005年提出了"四育"发展方针，并着力把教育重点体现在人的价值、心理健康、人格健全、知识丰富、视野宽广、精神振奋、能力提升方面。

2. 内涵发展，实施"五精"工程

内涵发展是学校长远发展的基石。为此，荣根学校推出了"精粹理念、精致德育、精品课堂、精细管理、精美校园"的"五精"工程。把"荣耀中华，根植自强"的荣根文化和学校管理，落实在德育工作、教学工作、管理工作、校园文化等方面，从大处着眼，小处着手，引入世界先进的组织质量管理模式，向细节要品质，向细微要质量。

3. 规范行为，力求提质减负

规范行为，才能依法治教；依法治教，才能办好学校；减轻负担，才能开发潜能；开发潜能，才能提升质量。为此，荣根学校坚持：

（1）倡导"十倡十戒"端正教风学风。"十倡十戒"即倡导"深、实、真、细、勤、谦、省、活、序、新"；戒"浮、虚、演、粗、懒、夸、怨、死、乱、旧"。

（2）严格"十项要求"，推进校本科研。"十项要求"即校本科研的"五要五不要"和"五多五少"。

（3）执行课程计划，开足开齐课程。按照国家课程要求，绝不少开或多开或不开任何计划内课程。

（4）控制时间总量，保证学生的自主时间。严格控制学生在校时间，坚决杜绝假日补课，按规定布置作业，不增加课业负担。

（5）实行阳光体育，促进学生身心健康。保证每天1小时的体育锻炼，让学生健康成长。

4. 校本培训，全面发展教师

百年大计，教育为本；教育大计，教师为本。为此，荣根学校把教师的专业化发展摆在学校发展的首要位置，提出教师教学基本功的"八项"修炼，即备课、授课、选题、批改、过关、辅导、倾听、团队。扎实开展"组结式"校本培训，夯实教师的基本素养和教学底蕴，同时坚持历时十年之久的"小连环教学研究"，开展符合学校发展实际和符合教师发展需求的课题研究，向课堂要质量，向科研要水平。

5. 张扬个性，发展学生特长

让每一个学生在自己的优势智能上得以发展并成为今后人生成功的支柱，这是学校教育追求的重要目标。为此，学校开设选修课58项，成立学生社团组织91个，使每一个学生都有至少1~2项选修项目，并能参与到某个社团组织之中，从中培养兴趣、发展特长、提升素质。同时，以养成教育为保障，学校出台了"学生学习六项常规"和校本教材《学生日常行为十项常规》，使每一个学生既能张扬个性，又能全面发展。

三、收获甜蜜成果，打造具有学校特征的教育亮点和特色

全面实施素质教育，走内涵式的发展道路，成就了学生，成就了教师，也成就了学校。春华秋实，硕果盈枝，我们倍感收获的甜蜜。选修课小组就像繁花似锦般竞相吐艳，学生社团组织像群星般耀眼闪光，学校荣获的数十项荣誉如明珠熠熠生辉，其中包括全国艺术教育先进单位、全国"五·五"普法先进单位、全国校园文化十佳示范学校、全国法制教育示范学校、全国文明礼仪示范学校、省校本培训示范学校、省书法名校、市区体育艺术传统特色学校等。近三年来，教师发表论文400余篇，学生获奖3800余项，学校出版专著6部，创办《荣根教研》杂志8期等。而今，学校呈现出和谐、阳光、温馨、朝气蓬勃、生机盎然的新气象，全校师生素质修养渐渐提高，精神面貌昂扬向上。荣根校园已成为教师发展的乐土，学生成长的乐园，学校具有独特的亮点和特色：

（1）人本化的校园文化。

（2）校本化的教育科研。

（3）课程化的养成教育。

（4）多元化的艺术教育。

（5）生活化的体卫教育。

（6）专业化的师资队伍。

（7）科学化的管理体制。

（8）一体化的家校教育。

（9）自主化的学生社团。

（10）个性化的选修课程。

四、拓展国际视野，创办一流的现代化学校

《国家中长期教育改革和发展规划纲要（2010—2020年）》要求到2020年要基本实现教育现代化，要坚持以人为本、德育为先、能力为重、全面发展，要以全面实施素质教育为发展的战略主题。因此，我们将进一步深化义务教育课程改革，争当教育内涵发展排头兵，力求做到：

启智掘能，全面开拓，科学育人惠桃李；

务实创新，内涵发展，质量强校创辉煌。

创新学校文化　　打造文明校园

2007年11月，我校被中国关爱成长行动组织委员会办公室、全国青少年文明礼仪普及活动组织委员会评为"全国青少年文明礼仪教育示范基地"，一批教师和学生被评为"全国文明礼仪教育先进个人和标兵"，并在北京人民大会堂接受了组织委员会的授牌。

2008年1月，学校被全国校园普法培训办公室评为"全国教育系统'五·五'普法工作先进单位"。同年6月，又被中国关爱成长行动组织委员会办公室和全国青少年文明礼仪普及活动组织委员会评为"全国中小学德育研究规范课题重点实验学校"。

2009年7月，学校被全国校园法制安全普法专项活动办公室评为"中国校园健康行动'全国校园法制安全教育示范基地'"。

2007年4月，学校被评为"和谐中国·首届全国中小学校园文化建设十佳示范学校"。

《中国教育报》《中国教师报》及中央电视台少儿频道等媒体予以报道并给予较高评价。

近三年，由中国教育学会、中央人民政府驻香港特别行政区联络办公室、国务院台湾事务办公室、深圳市侨联、广东省外事办等机构多次组织马来西亚、日本、英国、澳大利亚等国家以及国内许多省、市、自治区的学校来校参观交流，开展活动，共同探讨学校文明和学习文化建设以及学校教育发展的问题。

应该说，近几年，我校在学校文化建设和学生文明礼仪教育方面，通过创建活动和自我创新，不仅收获了荣誉，更重要的是在提高认识，内化理解，丰富内涵，拓展视野，和谐校园，推进发展等方面收获显著。下面就我校创新学校文化，建设文明校园的做法和体会给大家做一个汇报。

一、提炼和沉淀、继承和发扬学校的传统文化

学校的传统文化一定是经过长期积累和沉淀形成的，企图以现代经济式发展模式来改变文化形成和发展是不现实的。

荣根学校从办学之初就深深烙上了荣根先生个人品格和学校环境所形成的"潜文化"，比如荣根先生捐助社会、奉献爱心、支持教育、培养人才、勤俭节约、传承美德、专注工作、热爱事业、淡泊名利、不断进取等精神以及学校环境中榕树精神的影响。此外，还有在学校发展过程中，历任校长和全体教职员工提出的并为之努力的教育文化。

价值取向：努力奋斗，顺其自然，得之淡然，失之泰然。

校风：敢于竞争，富于创新，善于协作，乐于奉献。

校训：忠于祖国，服务人类。

座右铭：对学生全面负责，为学生终生着想。

这些学校文化已经深入人心，应该也必须坚持和发展下去。实践证明，继承和坚持传统文化是我们发展的原动力和核心支柱。当然，学校文化必须不断地发展，不断地适应新时代要求。为此，近几年，我们又在"百字荣根精神"的基础上提出了荣根精神的主导性表述"荣耀中华，根植自强"和九种具体精神：

（1）永不放弃的学习精神。

（2）刻苦钻研的敬业精神。

（3）尊重他人的民主精神。

（4）勇于反省的批判精神。

（5）遵循规律的科学精神。

（6）锐意突破的创新精神。

（7）终生不悔的奉献精神。

（8）生生不息的自强精神。

（9）不断超越的开放精神。

同时，把学校的传统文化归结为五句话：

（1）成功是由目标铺设而成的。

（2）细微之处见品质。

（3）没有任何借口。

（4）思考是勤奋的眼睛。

（5）借事炼心。

号召全体教职员工做"学习型人、发展型人、奉献型人、幸福型人"。

二、打造具有学校特色的环境文化

结合学校占地大、植物多、绿地广的特点，学校以绿色为主色调，提出"绿色是金"，以"植物园""高年级花园""低年级花园""后山""宿舍区绿化墙""低年级绿色园""运动场草坪""荣根旧校门"等特点构建三层绿色校园，即第一层地面草坪，第二层各类植物，第三层树木绿墙。同时，将动物雕塑、假山凉亭、小桥流水点缀其中，使得学校环境优美、恬静，绿色环保，自然和谐。

环境可以影响人、改变人。为了让环境具有教育功能，我们又将几十幅全国书法家的作品，结合位置和功能特点，由学校师生篆写并以石刻、竹刻、木刻等形式创作的楹联悬挂于校园不同区域和场所，不仅使人耳目一新，而且处处令人有所学、所悟、所感。

植物园：　　　　生物课堂开园内

　　　　　　　　知识天地入心中

综合大楼一楼：奥运传薪火

　　　　　　　　中华竞风流

低年级走廊：　文明千秋事

　　　　　　　　忠孝万古铭

低年级连廊：　勤动手常动脑广开眼界

　　　　　　　　乐于学敏于思博览群书

运动场主席台：为祖国求知健身，日日面临起跑线

　　　　　　　　给中华增光添彩，人人志扬运动场

上述这些对联能够使师生在不经意间获得精神的启迪和鼓舞。

另外，还有学校的"成长"雕塑、"希望"雕塑、"托起明天的太阳"雕塑等，这些竖立于综合大楼各楼层间的"英雄""领袖""科学家""哲学家""艺术家"等人物铜像，每当你走过和看到时，就会自然而然地受到感染。

而那四棵古榕树，加上以文字表述的"榕树的习性""榕树的传说""榕树的风格""榕树的启示"，只要你顿足观看，无疑都会被展现于眼前的景色和文字打动和同化。

还有办公室的文化布置，从天花板到挂画，从制度到职责，从教室、功能室的布局到格调，都注重其内涵和功能，最大限度地彰显一种潜移默化的影响力和感染力。

三、把文明礼仪渗透在学校教育的各个环节和层次中

社会文明乃至于人类文明，最重要的是每个人的文明素养和道德修养。学校不仅肩负着教育和培养学生的责任，也承担着引导学生实践和体验的义务，所以，创造文明校园，让学生在文明环境中养成好的习惯，形成好的性格是必须和应该努力去做的，它不仅是我们教育工作者的重要任务，而且是一种长期的，不能急功近利的目标。每一个人的生活经历不同，所处的环境不同，接受教育的层次和程度不同，年龄和理解力不同，思考和看待问题的倾向便不同，有的人感性，有的人理性，有的人含蓄，有的人直白，有的人谨慎，有的人粗心，有的人局部，有的人全面，有的人利己，有的人大公……正因为如此，才构成了丰富多彩的世界，但这也给我们的培养、教育和引导带来了麻烦。如何才能让每一个人都能在原有的基础上不断提升，走向文明，这是我们必须思考和解决的问题。

1. 在学校文化中熏陶

（1）通过学习和理解"荣根精神"、校风校训，引导学生学会做人、学会学习、学会生存、学会审美。

（2）通过开展主题教育活动，例如，我校的"以关爱他人"为核心主题的德育活动和"我的责任"的专题活动，引导学生树立崇高和远大的理想，

立志成才。

（3）通过美化、净化、绿化、诗化、花化校园的环境氛围，让学生置身于整洁、清新、优美，富有文化氛围的环境中，受到潜移默化的熏陶，从而净化学生的心灵，达到环境育人、风气育人、文化育人。

2. 利用榜样的作用激励和引导

（1）通过评选"学生校长助理"树立榜样。

（2）通过争当"荣根之星"树立标杆。

（3）通过争做"文明礼仪标兵"实践体验。

（4）通过建立"红领巾文明监督岗""环保小卫士""小小医生""红十字学生团""红领巾广播站""校园电视台""校园小记者团""读书会"等团队，组织引导学生规范行为。

3. 在班、队活动中训练养成

每天的早读、午读，每天的放学路队，每天三个层次的值日检查，每周每班的班会、队会，每个月的文明班级、卫生先进、队操标兵的评比，每天的值日反馈等都能有层次、有针对性地对学生进行思想道德指导和文明养成教育，以日常行为规范教育入手，让良好的行为习惯内化为学生的日常行为，逐步养成学生良好的道德情操和文明习惯。

4. 在学科中渗透

学校自己编写并一直坚持使用的校本课程《常规管理十课》，把学生每天在校的常规活动进行系统化的、课程化的引导和规范，用课程渗透，用课程引导，用课程规范，同时在其他学科中结合学科特点和内容，对学生有机地进行文明礼仪教育。

5. 利用家庭教育和社会教育辅助配合

（1）进行学习型家庭、文明家庭评选。

（2）建立"家长义工队"。

（3）开展家教课题研究。

（4）坚持集体家访。

（5）与社会机构联手，如"爱心一族""交警队""消防队""敬老院""沙井医院"等。

（6）建立校外德育基地。

（7）参加社会实践。

文明是一种状态，校园文明是学校各种关系、人员、环境、文化、精神和谐发展的状态。我们虽然努力地想实现文明校园，但是，我们知道，我们还有很多的工作要做。我们相信，只要持之以恒，一定能让文明之花开满校园。

创校园文化特色　树素质教育品牌

创校园文化特色，百花齐放，荣根奇葩艳；树素质教育品牌，千枝竞秀，家山硕果丰。

一、创建过程管理

（一）以形成师生的文化自觉凸显学校创建机构的领导力

学校坚持100％的师生参与，领导小组顶层设计，工作小组责任落实，师生个人任务到位。

（二）以实现学校的文化创新凸显学校创建计划的生命力

学校实行学年有计划，学期有总结，工作段有安排，每周有要点，把计划落实到实处。

（三）以推动学校的文化发展凸显学校运作机制的执行力

学校坚持标准高、要求严、工作细、到位实的工作责任机制，把制度落实在关键点上。

二、创建工作主要措施和经验

（一）立足文化传承，强化基本理念

学校坚持"文化立校，和谐发展"的创建理念，以"丰富文化，厚实底蕴，惠及桃李，泽被桑梓"为创建宗旨，以"力行爱与责任，培养核心能力，构建学本课堂，营造和谐校园"为创建思路，确立了"理念导向，积淀文化，锐意创新，彰显个性"的工作目标，强基立本。

（二）着力项目创新，凝练和谐之源

学校坚持"脚踏实地，夯实根基，着眼未来，创新项目"的发展方向，不断创新举措，再创佳绩。近三年来，学校主要着力于以下四个方面的创新。

1. 弘扬荣根精神，培育文化之根

荣根学校是香港爱国人士陈荣根捐资兴建后无偿献给国家的公办学校。陈荣根先生"造福桑梓济千户，荫庇子孙惠万民"的奉献精神和爱国情操是荣根学校的宝贵精神财富和文化支柱，激励师生学习陈荣根先生美德，鞭策师生弘扬"荣耀中华，根植自强"的荣根精神，是学校的文化之源。所以，培育、凝结、提炼、传承和发展荣根精神，是荣根学校校园文化建设的永恒主题。

2. 开展课题研究，培养核心能力

2011年，学校参与并承担了教育部、人力资源和社会保障部课题《小学生核心能力培养》的研究，该研究在全国尚属首次。该课题研究为学校开辟了教育发展和文化建设的新领域、新平台、新境界，使学校教育落在了本质上。目前，该研究已取得良好的社会效益。

3. 力行爱与责任，彰显德育文化

学校着眼教育转型发展的关键，着力打造德育文化品牌，成立德育文化顶层设计工作室、工作团队，制定翔实的工作方案，开展系统的创新活动，在"四育"（命育、心育、文育、能育）和"四商"（体商、情商、能商、智商）上下功夫，已见成效。把"仁、义、礼、智、信"内化为生活行为，如学军知礼、学棋知礼、交流知礼、互助知礼等，使学校德育文化彰显蓬勃生机，师生的精神面貌也因此焕然一新。

4. 提升素质修养，激发人文潜能

近三年，学校陆续出台了《学生六项常规》《教师八项教学基本功修炼》及《师生"五明五勤"》等，均为诗歌形式，在班级挂牌上墙成为全校师生个人成长的行为准则。学校还开展了以"爱与责任"为主题的"六能四会""五多五少""十倡十戒""三省六问五评议"等一系列活动，不但提高了全校师生的综合素质，而且提升了人文校园的绿色指数，使现代文明和谐的标志深深地烙印在全校师生的心田。

（三）开发校本教材，构建课程文化

学校在原有基础上出版了校本教材《愉快的书法》《黉门今韵》《成功教育论纲》《踏着教育的琴键》《荣根生命溯源画册》和反映师生生命成长的书，如《人生棒棒糖》《童年的脚步》《与你一路同行》等，开设了楹联、心理、国学、生命、国际理解、环保、安全等系列课程。这为荣根诗意校园、人文校园注入了新的活力，使校园文化建设课程化、系列化、人文化。

（四）加强师资建设，推进高位发展

学校在教师职业培训、专业发展、全面成长的基础上，成立了文化顶层设计项目工作室，组建了一支校园文化建设骨干教师队伍，负责校园文化顶层项目的设计、组织、实施，使学校的环境与精神文化建设、行为与活动文化建设、个性与特色文化建设、形象与标志文化建设在高水平、高起点上不断创新与发展。

（五）发展学生社团，灿烂生命阳光

学校校长助理团、小小医生队、文明监督岗团、环保小卫士团、学生义工队、小记者团、科普队等90多个学生社团蓬勃发展，活动丰富多彩，成绩显著，使荣根学子的个性发展得以发挥，生命个体呈现出健康、阳光、自信、快乐。

（六）创建学本课堂，深化课程改革

近三年，学校改革"教本课堂""生本课堂"，创建"学本课堂"，坚持科研引领，课题带动，先后承担国家、省、市、区科研课题10多个。尤其是21轮《小连环教学研究》及《班主任专业化发展研究》等课题研究，为学校发展插上了智慧的翅膀，使学校能正确把握发展方向，实现教育转型发展。

（七）发展生命为本，营造优美环境

近三年，学校在优化校园环境、更新功能室、新建文化大讲堂、加快硬件设施建设的同时，注重人文环境建设，举办了"体育节""艺术节""读书月""安全月""科技月""传统文化月"等活动，随之涌现出一大批优秀人物，如刘继国、邱林、蒋向前、张高才、聂小林、付菊平、魏旻诗、李鹏华、黎佩珺、陈俊熹、李慧茹等有突出表现的师生，从而使学校成为师生成长的乐园。

三、创建工作效益与影响

近三年，学校师生在各级各类比赛中获奖1782人次，教师发表论文616篇，学校先后获得全国学校文化创新实践基地、全国传统文化教育实验学校、全国职业能力培训试点单位等荣誉称号，《人民教育》《中国教育报》《中国教师报》《语言文字报》《师资建设》《人民文摘》、广东卫视、深圳电视台等媒体对学校的文化建设做了专题报道，众多国内外兄弟学校来校交流。

铸品牌，创特色，绩昭黉门续既往；

增智慧，传文化，效誉家山创未来。

虽然我们还有很多不足，但请相信，我们一定会加倍努力，让荣根学校在国际化、现代化建设中越办越好！

运用"现代人文"理念 打造
"现代文化"学校

现代文化不是一个时间概念，而是一个价值判断，它是指人们适应现代化本质要求的文化，其主要内核与社会主义核心价值体系和社会主义价值观体系存在一致性和耦合性，它是实现文化的现代转型并建设现代价值，形成现代认同，张扬现代精神并进而建设共同信仰的文化。

现代价值理念：仁爱、富强、正义、文明、和谐、自主。

现代认同体现：诚信、法治、公正、理性、科学、人文。

现代精神：爱国、团结、勤俭、互助、开放、进取。

现代文化学校追求：求真、崇善、尚美。

在现代文化转型路径的选择上，观念变革是关键，交往交融是方法，其主要路径是：包容之心、感恩之心、学习之道、反思之态、变通之道。

综上所述，现代价值是现代文化的基础，现代认同是现代文化的支撑，现代精神是现代文化的动力，现代文化转型是现代文化建设的路径，建设现代文化的目标就是建设信仰共同体。

基于这些认识，结合市、区提出要建设教育国际化和现代化的要求及学校实际，学校确定了创建卓越、绩效、示范学校的思路。

一、铸灵魂，培养精粹和精神文化

荣根学校经过几代人的努力，形成了基于"百字荣根精神"为核心的精神文化，它主要包括以下几个方面。

1. 发展宗旨

"办好学，让每一个学生上好学""上好每一堂课，教好每一个学生"。

2. 发展策略

文化立校，和谐发展。

3. 发展方向

探索并积极实践，建立在学生全面发展基础上的"四育"教育途径和模式。

4. 发展思路

狠抓常规促养成，落实培训强能力，践行"四育"增智慧，强化特色铸品牌。

5. 发展方针

教育要遵循生命的自然之道，真正地让学生和教师都作为具有个性特征的生命个体，在教育过程中都能得以彰显其本质，提升其价值，丰富内涵，让每一个处在教育关系中的师生都能获得生命的不断再生以及发展目标、发展核心和发展措施等。

二、讲品位、构建独特的景观文化

（1）构筑园林文化，强化校园环境的育人功能。

（2）打造楹联文化，发挥传统文化的感恩功能。

（3）铺设诗画长廊，发挥古典文化的熏染功能。

（4）建设"核心价值文化广场"，打造多功能教育主阵地。

三、重人本，推行和谐的管理文化

继续践行和创新学校已经形成并运作良好的"四·三"管理模式，即三级负责制的层级网络化管理系统和"三全""三化"的管理机制和管理流程，以及"三必谈，三必防"的管理制度和"三管齐下"的管理方式，尤其是在"学习管理、情感管理、自主管理"方面下功夫，创特色，把富于荣根特点的"组结式"校本培训模式和以"我的责任"为口号的自主管理模式以及"五句诀"的情感管理传统发扬光大，形成良好的学校管理文化。

四、图发展，倡导智慧的育人文化

1. 改革育人模式，提高德育实效

（1）确立一个目标：发展健全个性，培育创新人才。

（2）搭建两个平台：全体学生参与管理舞台、全体学生发展特长舞台。

（3）抓实三个渠道：学校学生渠道、社区教育渠道和家庭教育渠道。

（4）建设四种课程：养成教育课程、自主管理课程、国际教育课程、安全教育课程。

2. 规范教学行为，提高教学质量

（1）树立"大质量"教育理念，开齐开全所有课程。

（2）规范教学常规，构建和谐课堂。

（3）狠抓教学管理，强化运作机制。

（4）推行"十倡十戒"，不断改进教风。

（5）强化重点环节，提高教学效率。

（6）面向全体学科，实施智慧教育。

（7）改善教学行为，重视校本研修。

五、求实效，建设多彩的社团文化

1. 丰富生命经历，阳光"小小社团"

生活就是教育，经历体现价值，要让包括"学生校长助理团"的学生社团充满阳光、朝气和富有内涵。

2. 传承华夏文化，多彩特色节日

民族精神，爱国情结，齐家本领，都是在环境氛围中熏染积累而成的，要让传统节日，包括学校艺术节、体育节等节日成为学生美好童年和培养忠于祖国、服务人类情感的沃土。

3. 全面素质教育，展现艺体风采

学校坚持"2+"和"2+2"艺体教育方针，在普及、提高、选拔的三层艺体教育培养思路下，学校开设了包括田径、足球、篮球、乒乓球、武术、围棋、民乐、管乐、舞蹈、合唱、摄影、书法、绘画、篆刻等在内的各类艺体兴

趣组、代表队、艺术团体等共计39个。近三年，这些艺体团体、代表队参加各级各类比赛共获奖787项，其中音乐101项，体育377项，美术240项，含国家级16项，省级26项等。

六、拓视野，借鉴开放的多元文化

教育发展需要现代化，教育现代化需要国际化。近三年，学校与包括英、美、澳、日、马来西亚等在内的国外同类学校交流30多次，国内学校来访60多次，聘请包括李镇西、杨再隋、李诚忠等教育专家来校讲学30多场，外派教师学习400多人次，外出支教上课60多人次，在省、市、区"千校扶千校""百校扶百校""公民办教育一体化"等活动中频现亮点。与中央教科所，国家关工委，人民教育杂志社，省、市、区教研部门共同开展"国学教育""国际理解教育""生命安全教育""心理教育"等实验项目7个，设立包括"名校长""名师"工作室主持人8个。开放的教育思想，使学校教育逐渐走向"人文"教育，使学校文化逐步走向"现代"文化。

七、扎实做，制订并落实创建规划

1. 创建思路
从常规中求卓越，从质量中求绩效。

2. 创建措施
制订一个规划，成立两个组织（研究中心、评价中心），落实三项战略（质量战略、联盟战略、特色战略），提供四项保障（队伍保障、制度保障、组织保障、经费保障）。

请相信：我们一定会努力树立"大质量"理念，提升教育公共服务质量，追求卓越的"经营结果"，着力打造普及与个性化相结合的艺术教育和传统文明与现代文明相结合的特色校园文化，把学校办成质量一流、品牌一流、效益一流的国际化新型学校。

走信息教育之路　建网络数字校园

深圳市荣根学校目前被评为区教育教学设备管理先进单位、区信息化示范学校、区十佳学校网站、市第一批信息化实验学校、广东省信息化实验校、全国教育信息化理事会理事单位、中国基础教育网络实验学校、教育部教育管理信息中心信息技术教学应用示范学校等，回顾学校信息化发展的历程，我们主要从以下几个方面抓实抓好。

一、把信息化建设的重要意义和作用转化成为我们自己的建设理念

1. 硬件从实

学校从1999年开始，采用"整体规划，分步实施，实用、经济、适度超前"的建网方针，先后分三期投资近500万元，建成了主干千兆，百兆到桌面的"实用型"网络。学校共有近400台电脑，建有2个电脑室，4个现代教育技术与课程整合班，1个多媒体电教室，53个教学平台，网络信息点覆盖了校园的每个角落，生机比例为7∶1，师机比例为1∶1。学校还配备了闭路监控、报警系统、LED屏、触摸屏、智能分区广播系统、音视频制作系统、校园电视台、电子阅览室、软件制作室等设施，硬件"够用，实用"。

2. 软件从优

在建设硬件的同时，学校也十分注重软件建设。学校不断积累校园网软件和教学资源，充分发挥校园网络优势，从学校的日常管理、办公到教师的备课、授课，学生的学习，以及师生和家长之间的信息交流等，建立了一整套较完善的软件体系，如图书管理系统、电子阅览系统、资源库、世纪阳光多媒体教学平台、学校教学资源网、FTP服务器、电子邮件系统、VOD教学资源视频点播系统、电教报修系统、图片管理系统、荣根网络硬盘、文件服务器、校园

网综合管理平台、家校互动平台、心理管理系统、心理评测系统、维美教学平台、网络现场直播系统、网络杀毒软件、系统漏洞补丁服务器SUS等，硬件与软件的投资比例为3∶1。

3. 队伍从高

现代化的教育设备呼唤现代化的教师，推进学校的教育信息化关键在于教师队伍的建设。近年来，学校积极落实抓早、抓好、抓实的全员信息技术和信息素养培训。广大教师对自己的角色做了重新定位，由"教书匠"转变成"学者型"与"科研型"的教师，并且自身的知识结构也得到了完善，拓宽了视野，更新了观念，提高了现代教育技术水平。如今，学校有80%的教师拥有自己的个人网页，100%的教师通过了广东省教师信息技术中级考试，有86%的教师通过了广东省教师信息技术高级考试，一支具有现代教育思想，素质好，懂电脑教学的科研型教师队伍已初步形成。

二、在信息化应用上实施"捆绑式"战略

1. 培训与竞赛相结合

学校采取由学校网管、骨干教师和专家分级培训的方式，使教师掌握计算机的基本操作技能和多种课件制作的手段，构建个人网页，学会有效地运用网络收集、筛选、处理信息等，并不失时机地举行各种竞赛，转变压力为动力，以赛促训。

2. 实验与科研相结合

学校先后四年在一年级扩招了四个信息技术与学科整合实验班，目的在于提高学生的信息素养，培养学生收集、选择、整合、运用信息技术的能力。每位学生配备一台电脑，每个实验班设有蹲点领导，经常指导实验班师生尝试开展各种有益的工作。目前，这几个班的学生学习成效显著，发展全面，动手能力强，电脑操作水平高，表达能力强，学习劲头足，他们充分运用电脑参与班级管理和学习、交流等，电脑已成为他们自主学习的重要工具。学校的教育信息化还在向更深、更广的领域发展。

3. 课堂与课题相结合

教学观念上的突破带来了教学方法与教学手段上的突破，有效地推动了课

程改革，提高了教学质量，提升了办学品位，增强了学校可持续发展的后劲。从2002年起，学校启动了信息技术方面的多项课题研究，坚持"重点突破、带动全局、整体优化、以研促教"的教科研策略。随着课题研究的深入开展，学校不断加快信息化进程，提高教育功能，在信息技术与学科整合的研究上，取得了一定的进展与突破。同时，校本教研新模式——"小连环"教学研究已经开花结果，为教师在教育行动中成长，走专业化发展之路和构建校本教研新制度提供了保障和途径，推动了我校教学质量整体水平的不断提高，通过集体听课、评课，提高了课堂效率，引导和督促教师重视课堂教学，研究课堂教学。此外，学校还积累了大量的"小连环"教学优秀课例，并建立了课例资源库，还为区信息部资源中心每学期提供近2G的共享教学视频课例资源。学校多媒体上课课时覆盖率达80%。

4. 制度与管理相结合

学校不断转变并提升观念，加快信息教育步伐，确定了信息化工作是学校教育教学工作的重中之重。学校领导高度重视信息化工作，校长亲自牵头，分管校长具体负责，相关部门共同参与，成立了信息化工作领导小组和信息科组；制订了学校信息技术建设和发展规划；健全和完善了电教设备管理制度；安装了硬件防火墙、网络安全监控审计等系统，加强网络安全防范和不良信息过滤；配备了业务能力较强的信息技术专职管理人员，及时处理并解答教师在工作中碰到的各种问题，确保学校网络和电教设备的运行畅通，同时与全体教师签订电脑及教学设备使用合同，对教师在课堂教学中使用电教手段和资源提出明确要求，以规范的管理促进课堂教学信息化，形成了人尽其责、物尽其用的良好局面，充分调动了荣根人的主观能动性，充分发挥了现代技术教育的作用，有效地促进了教、研、培等的工作。

三、将信息化建设战略落实在发展过程中

1. 抓应用

学校在教育、教学、管理、服务等方面全面应用学校综合管理平台，鼓励师生使用网络资源，开阔视野，加强交流，提高教育教学质量。校园网已成为发布校园信息、新闻、通知的最佳媒介，学校网站被区教育局评为"区十佳学

校网站"，它已成为荣根学校师生生活中不可缺少的部分，无纸化办公系统已成习惯，已成制度。

利用家校互联平台，加强家校互联与沟通，运用信息技术全面实施德育教育。学校坚持策划、拍摄、制作荣根之声电视台节目，锻炼、培养了一批优秀的小主持人和小记者。

同时，本着解放生产力、资源共享、服务教学、改革课堂的目的，在语文、数学、英语等基础学科中推行电脑备课、上课，并采用"自主自能型"课堂教学，突出其专题性、研究性、共享性，采取分段包干，集体研究、讨论，同年级共享的方法，积极引导广大教师集中精力研究教材、研究课堂、研究效果，突出集体备课，突出教师智慧共享，并倡导课前对教案进行再创造，课后对教案做修正性批注和感悟性记录，使得课堂教学更加高效。

2. 抓竞赛

为了在全校掀起学生使用电脑的热潮，激发学生的学习兴趣，学校经常开展各种电脑竞赛活动，如电脑中文打字、电脑知识竞赛、网页制作、电子报刊制作、电脑绘画等竞赛活动，先班内选拔，再年级决赛，层层选拔，人人参与。

同时，鼓励师生积极参与各级各类电脑竞赛活动。荣根学校在沙井街道信息技术知识竞赛中连续两年获得团体第一名，电脑中文打字比赛分别获团体第一名、第二名；在宝安区共三届"信息技术教育节"比赛中，我校在八类竞赛活动中获得64个奖项；在深圳市网络夏令营比赛中，我校学生多人获奖。学生的多幅电脑绘画作品在深圳市科学幻想绘画比赛中获奖，其中昌其光的电脑绘画作品《天鹅日记》获全国第五届中小学电脑制作活动广东省三等奖，罗向阳的电脑绘画作品《同根同脉》获全国第六届中小学电脑制作活动广东省优秀奖，多位老师的课程整合教学录像在省、市、区频频获奖，许多老师的经验论文在各级会议上交流，并在各类书籍、报刊上发表及获奖。

3. 抓交流

2005年3月，我校与日本神户市立本山第二小学成功地举办了以"让童年的梦传遍世界"为主题的首届学生网络交流活动。本次活动开阔了学生的视野，培养了学生的情感和能力，同时也开辟了国际交流的新途径。此次活动在深圳市乃至广东省都属首例，宝安电视台等多家媒体对此进行了专访，并以《梦想穿越国度　网络传递友情》为题进行了专题报道。

学校充分发挥信息化示范校的辐射和带动作用，先后接待省、市、区、街道领导和教育行政部门以及山东、台湾、香港、上海、河南、湖南、广东、广西、陕西、宁夏、青海等地100多批教育参观团来校参观和交流，并得到领导和同行的高度评价和赞扬。全国现代信息技术实验学校专家组组长李克东教授到学校视察后说："荣根学校现代信息技术应用方面做得好，使用率高，要积极探索新经验，向全国推广。"

4. 抓课题

2005年12月，学校承担的《新课标下校本教研资源的建设和应用》课题研究获第十一届"广东省侨资学校办学优秀成果吴汉良奖"二等奖。2006年，学校又承担了国家"十一五"课题《手持式网络学习系统在学科中的应用研究》中三个子课题，目前课题开展顺利。

学校围绕信息教育多次积极参与或承担国家级和省、市、区级研究课题，承办、协办省、市、区、街道办等上级教育部门举办的优质课比赛、观摩和交流研讨活动，并多次向香港、台湾等地的同行展示我校现代教育技术特色的课堂教学，开展相关的交流活动。在此基础上，学校积极努力地促进信息技术与课堂教学的整合，提升课堂教学效率和水平，培养学生自主探索、合作学习、创新思维等方面的能力，得到了专家、领导和家长的一致好评。

5. 抓资源

网络仅仅是信息化的形式，丰富的信息资源和简便的获取方式是信息化的内涵与实质。学校根据教学、科研、管理的不同需求，不断地建立类型齐全、信息丰富的校园网信息资源体系，让每一位教师都感受到校园网的作用。

近年来，学校共积累资源库总容量达400多G，如学科资源库、备课资源库、课件点播库、教案库、试题库、课例库等。其中，一部分是学校教师自己制作、整理的，一部分是通过不同渠道收集或购买的。这些资源统一采用浏览器/服务器（B/S）方式来管理，方便教师浏览和调用，使他们能充分地利用网络资源。

四、四点体会

（1）硬件设施应及时更新与维护，否则将影响信息化应用的进程和师生使用的热情。

（2）转变"重硬件，轻软件"的投资认识，否则将严重制约硬件功能的发挥，造成资源浪费。

（3）大多数学校普遍看重对教师进行信息技术培训，而忽视对教师进行信息素养、获取、加工、运用等综合信息能力的培养，这样做无法将信息技术转化为提高教学质量的"生产力"。

（4）课堂中信息技术的应用应避免"机灌"和"电灌"，否则会影响教学效果。

凸显家庭教育应有的教育功能和价值

我校家长学校工作，以广东省家庭教育工作现场会的精神和深圳宝安区教育局《关于进一步加强中小学和幼儿园家庭教育指导工作的意见》为指导，以区家长学校及街道家教主管部门的有关指示精神和工作要求为依据，以科学的现代家庭教育理论为支撑，以学生家长、家庭的实际需要和我校的实际情况为立足点，以丰富家长的教育知识，提高家教水平，提高家长学校教学、指导与科研水平为目标，将点与面的指导相结合，既重视个案研究，又加强集体指导；既重视课题推进，又加强实际问题的解决；既重视第一手资料的收集，又注重对经验的总结与推广，其具体做法主要有以下几方面。

一、全面布置，合理分工，明确主题，突出特色

家长学校各项工作注重抓早、抓细、抓落实。每学期初家长学校的领导小组都会召开会议，具体布置各项工作，落实每个人的具体责任，并经过讨论确定每学期的工作主题，强调要恰当地结合家长面授课的教学、家庭教育课题研究、家庭教育宣传活动等方面，凸显家长学校工作的特色。

二、真抓实干，分层推进，形式多样，突显效果

1. 创新"四课型"面授教学，传授家教方法，提高家庭教育质量

每学期为每个年级的学生家长开设面授课，举办家庭教育讲座。主讲教师都是由学校精心挑选的家庭教育指导经验丰富、责任心强的教师担任，他们详细地了解家庭教育的现状，精心备课，积极进行"讲述启发型""咨询讨论型""亲子活动型""案例导引型"等四种课型探索，不断对其内涵和形式进行创新，在讲座内容、指导方法等方面加强研究，将家教讲座提高到了一个新的水平，真正让家长在课堂上学有所获，使家长学校成为向家长宣传教育方法

的主阵地。几年来，家长学校共开设了几十个主题讲座，如"让孩子养成良好习惯""让孩子保持快乐心境""让孩子变得勇敢坚强""让孩子学会料理家务""让孩子学会精打细算""让孩子拥有诚实品质"等。授课老师精心准备，并适时优选家长代表进行专题座谈，既加强了家校联系，又缩短了家长与学生之间的距离，纠正了家教中的一些错误，取得了良好的成效。

2. 充分利用家庭教育宣传周活动，对家长进行家教宣传

近几年，我校连续在街道社区"爱心一族"广场面向社区开展了家庭教育宣传系列活动。其中，每年的"启动仪式暨颁奖典礼"隆重而热烈，街道领导、各居委会领导和家长委员会的全体成员都应邀参加了启动仪式。在"启动仪式暨颁奖典礼"上，我们还宣布每学年度家长委员会优秀成员、家长学校优秀学员和家校合作优秀家长的名单，并分别颁发聘书和奖状。在每年的家庭教育宣传周中，"家庭亲子游戏大观园——趣味运动会"吸引了大批家长带着孩子积极参与，参赛的家庭全力以赴，博得了大家的阵阵掌声。

"优秀家长专题沙龙"引得求知若渴的家长们团团而坐。主持人通过话题引领、经验启示，以感悟动人；客座家长们或专心静听，或回味思索，或举手提问，或热烈讨论。一个个疑难得到化解，一个个问题得到解决……

延展60多米，由60多位教师和医生参加的专题咨询区更是热闹非凡。"个性培养""亲子沟通""孝心教育""家庭作业""人际交往""逆反心理""保健护理"等14个专题咨询台一字排开，每个咨询台前都聚集了许多家长……据不完全统计，每年参加"优秀家长专题沙龙"和咨询的家长都在1300人以上，获得的反馈信息均有上千条，内容涉及学习、生活习惯、心灵沟通、亲子关系、健康饮食等方面。对于这些反馈信息，家长学校每次都进行分类整理，分部门与家长沟通，及时向家长反馈，赢得家长的一致好评。

学校特别策划的《家庭教育格言六十六》宣传手册深受家长的青睐，特别是宣传手册按"教育观念""教育方法""习惯养成""亲子沟通""自理培养""孝心教育""逆反导航""心理疏导"等八个栏目分类编录的方式增强了家教指导的针对性，受到家长的热烈好评。

"家庭教育知识竞答有奖游园活动"新颖创新，备受家长和学生的喜爱。在"家庭教育知识竞答有奖游园活动"中，50多米长的家庭教育知识答题挂带下聚满了家长和学生，他们热情高涨，议论声一片，选答声一片，欢笑声一片……

"家庭教育宣传展板"等传统项目也在内容与形式等方面凸显新意，起到了良好的宣传作用。家长们常常在展板前驻足细看，流连忘返，认真学习先进的家庭教育理念。

通过一系列的家庭教育活动后，家长们纷纷在长达20米的"告别不良家教习惯"的横幅前签名。富有创意的家庭教育宣传周活动对我校的家庭教育工作起到了良好的宣传和推动作用，达到了活动的目的，取得了良好的社会效益和实际的推动作用。有家长说："荣根学校的家庭教育活动就是有声有色，总能给我们家长耳目一新的感觉，相当不错！"

三、做好课题研究工作

学校连续五年开展家庭教育课题研究，开展个案跟踪指导并结出丰硕果实。于2006年4月已结束的课题研究《指导家长培养孩子掌握正确学习方法和良好学习习惯的研究与实践》让一大批家庭受益，课题研究成果获"GDJYSD"广东教育"十五"规划课题成果二等奖和深圳宝安区课题研究一等奖。目前，学校又承担了由区教育局主持的教育部"十五"规划课题《对不同类型的家庭分别实施规模化家庭教育个案跟踪指导的实践研究》子课题《独生子女家庭中的问题学生家庭教育指导的实践与研究》的研究任务，并被总课题组指定为大协作组组长单位。本学期在以往研究的基础上，学校将心理教育引入家庭教育指导中，并把心理教育与家庭教育紧密地结合起来，探索家庭教育与心理教育有机结合的途径、方法、措施、形式等。提高家庭教育个案跟踪指导的科学性、实效性，着重从心理层面引导跟踪对象的转变，课题组指导教师深入家庭，积极参与指导实践，做好个案的跟踪与研究，使教师与家长、学生共同得到了提高。

四、利用多种活动，促进家长参与学校工作

1. "创建文明和谐家庭，我当小主角"的主题班会效果好

在每学年的"创建文明和谐家庭，我当小主角"主题班会上，学生就"创

建文明和谐家庭，我应该怎么做""创建文明和谐家庭，我向爸爸妈妈提建议"等问题展开了热烈地讨论和交流，还把自己的观点写成心得体会，带回家中与父母一起讨论交流。主题班会不仅在思想上解决了许多认识问题，更在实际生活中发挥了重要作用。有的家长开心地说："我的孩子现在更乐意做家务了。"有的家长满足地说："我小孩在家做作业时不用我操心了。"

2. "家长学校优秀学员"和"家校合作优秀家长"评比活动拉近了家校之间的距离

每年"家长学校优秀学员"和"家校合作优秀家长"评比活动都受到家长们的高度重视和关注，通过评比活动，既能宣传家庭教育和家长学校的工作，又能触动家长，使得家长更注重与学校的沟通，更自觉地参加家长学校的学习。

3. 积极组织"我的家庭教育格言"有奖短信征集活动

家长对"我的家庭教育格言"有奖短信征集活动反响热烈。许多家长在发送短信参与的同时，还把格言交给班主任，共同分享。全校共收到来自1608个家庭的1858条格言，参与率高达88.7%。

4. 利用家校通平台，家校联系密切

家校通平台既方便了家长向教师反映情况，获取信息，又便于家长及时了解学生动向，检查学生的各项情况。经过努力，家校双方的配合更加默契。

5. 组织教师集体家访，了解学生在家表现

每学期学校都要组织集体家访活动，尤其是对后进学生，要求教师与其结对子。每学期经过家访，使广大教师更深入地了解学生在家中的表现，及时掌握了第一手资料，既方便了教师的教学工作，又提高了工作效率。

崇国学之美　承传统之道

一、国学之慧——明道立德，化育天下

"不忘初心""大道至简""上善若水""有容乃大"……

"大学之道，在明明德，在亲民，在止于至善""幼儿养性，童蒙养正，少年养志，成人养德""吾曰三省吾身，为人谋而不忠乎，与朋友交而不信乎，传不习乎""格物、致知、诚意、正心、修身、齐家、治国、平天下"……这些传承了千年的经典学说是中华民族的魂，是炎黄子孙的根，也是教育应遵循的教育之道、自然之道、本质之道。

二、国学之悟——生命价值，教育之光

教育要给生命以光亮，教育的本质就是提升人的人性，就是使教育者和受教育者在教育过程中同时获得一个内心世界的独特体验，并在这样的体验基础上，不断形成一种完善而又独立的生命体，使已经获得独特性的生命体验得以彰显于自然世界之中，作用于自然世界之中，贡献于社会发展之中，影响于社会历史之中。联合国教科文组织在其出版的研究报告《反思教育向"全球共同利益"的理念转变？》中指出，反思教育的目的和学习的组织方式从未像今天这样迫切，报告中秉承人文主义教育观和发展观，立足尊重生命和人格尊严、权利平等、社会正义、文化多样性、国际团结以及可持续的未来分担责任，旨在呼吁全球范围的对话。报告指出，我们要将教育和知识视为全球共同利益，以便在复杂的世界中协调作为社会集体努力的教育的目的和组织方式。

基于人类对教育目的和组织方式新的认识和理解，教育的生命价值和社会功能，尤其是在教育过程中彰显人文主义的教育观念已成为全世界的共同认识，而人文主义教育观、价值观和认识观正是国学成分中最厚重、最突出、最

智慧、最引人注目的内容。所以，把国学渗透到现代教育之中，是教育具有时代生命力的重要环节和内容。

三、国学之养——知书达礼，尊节修艺

中华文明是世界文明史上最灿烂、最持续、最悠久的文明，而中华文明宝库中最滋养民族精神和具有民族特征的就是教人如何成为君子、淑女、贤人；如何立德律己，治国平天下；如何将古人智慧应用于日常生活，以达知行合一。弘扬中华传统，推崇中华文明，开展国学教育，关键是在教育中因时、因事、因人、因材施教，让学生受到国学的影响，熏陶国学的神韵，感染国学的品质，使学生学有所用、学以致用，让中华优秀传统文化真正地深入其骨髓，影响其灵魂，贯彻其身躯，不仅能改变其言行，更能影响其信仰和追求。为此，近年来我们在学校的课程设置、校园活动、课堂教育、社会实践、学生发展等各环节都提出了"知书、达礼、尊节、修艺"的国学教育思路。

1. 知书

知书就是分人群、分年级、分时段推荐国学经典著作，开展读、讲、诵、享等读书活动，比如，教师重点推荐精读精讲《山海经》《大学》《传习录》等，一、二年级学生推荐精读、精诵《三字经》《弟子规》等，三、四年级学生推荐精读、精诵《礼记》《论语》等，五年级学生推荐精读、精诵《孝经》《中华成语千句文》等。

知书具体方式是：一读、二诵、三讲、四分享。学校倡导一句话叫作"海量读、日日写"。坚持每班每周安排一节国学课，每周安排三次午读课、午写课，每天利用晨读诵读十分钟。为此，学校编辑出版了《三字经》《论语精读》《易经解读》等文本教材。此外，学校还利用晨会、班会、学校活动、家庭教育活动、学科融合，每学年举办一次"和文化艺术节"等。通过日复一日的沉淀积累，熟读成诵，融入身心，让每个师生的血液中都流淌着和饱含着中华民族的血液和养分。

2. 达礼

中华民族最讲礼仪，号称"礼仪之邦"，所以必须让每一个学生学礼、懂礼、用礼，以礼开智、以礼规身、以礼做人、以礼传礼、以礼明心、以礼成

人。为此，学校十分重视礼仪教育和礼仪规范，把礼仪教育与深圳市提出的"八大"素养和国家提出的核心素养相融合，重点开展"三礼"教育，即活动礼、日常礼、素养礼。

活动礼主要有一年级学生的"开笔礼"，全校学生每学期开学第一天进行的"开学典礼"，期末进行的"休学礼"，毕业年级进行的"毕业典礼"等。每次活动礼学校都非常注重活动的仪式感和礼仪感，活动要求简单、隆重、庄严、成礼，尤其是教师们举行的活动礼更是注重有礼、讲礼、用礼、美礼、成礼。例如，每学年的"拜师礼"讲究的就是"七礼五步"，礼成到位。学校还编写了校本教材《日常生活一礼四行》，为学生开展活动礼起到榜样的示范作用。同时，先让教师从活动礼中体验感悟，之后在学生开展活动礼时才更有体验感和价值感。活动礼不仅让师生从中感受到民族的文化和习俗，而且让师生获得更多的归属感、价值感、成长感、荣誉感、责任感、使命感、自豪感，为学校的和谐发展奠定了坚实的文化基础。

············

3. 尊节

在中华民族悠久的历史中，流传着许多美丽、感人的故事和传说，形成了中华民族丰富而极具内涵的传统节日和节日文化。比如春节、元宵节、清明节、端午节、中秋节、重阳节等，当然还有一些现代节日，如植树节、教师节、国庆节、元旦等。目前，学校的节日文化要求是：尊传统节日，过现代节日，实自我节日。精心设计和挖掘传统节日的精神和节日文化是尊节的目的和宗旨。尊节就是要尊重节日，敬重节日中那些传承了千百年的文化习俗和礼仪规范，从而通过节日活动学习、重温、感悟蕴含于节日文化中的民族精髓，把"仁、义、礼、智、信、孝、悌、廉"等中华美德深深地烙印在炎黄子孙的心中、灵魂中，使其永生忘不了、灭不了，这也是中华文明世代相传的根本。一个民族如果没有了自己的文化标识，那这个民族就不是一个独立的民族。因此，过节、尊节、礼节、用节，让师生在每个节日中认识人类之源、文化之源、礼仪之源、习俗之源，感悟中华传统节日文化的博大精深，从而增强对中华传统节日文化的认同感和归属感，增强民族自信心、自豪感和使命感，为中华之崛起而读书，为实现伟大中国梦而读书。

4. 修艺

中华文化上下五千年，沉淀了"六艺"的文化精髓，是成贤修德、怡养儒雅、成君子之风的必修课，结合"琴、棋、书、画"的礼乐同修是领略中华民族文化魅力、熏陶心灵、增强素养、培育实践能力、创新精神、掌握科学技能、张扬个性特征的基础。学校提倡"修六艺、学技能、重课程、增素养"，开设素养课程超过百节，主要包括和德课、和健课、和知课、和新课、和能课、和雅课、和悦课等；把学校场所划为和阅区、和新区、和技区、和弈区、和德区、和美区、和拳区、和体区等，即99门课涵盖"六艺"和现代课程核心素养要求、创新能力修养的小学课程要求。

素养为基、和合为美是修艺的总要求。首先，要在课程设置中让学生有道德实践，以礼修德，以课树德；其次，要让学生增强艺术修养，增强思维能力、创新精神；最后，要让学生掌握自然科学、社会科学，培养科学精神，最终让每一个学生都能自然成长，全面发展。

四、国学之得——学以致用，知行合一

开展国学教育，我们已坚守了10多年，传统文化的浸透，既能让人和德做人、和雅处事、和谐共生，也能让人人文为魂、人伦是根、人性唯美。教育需要点灯的人，成长需要引路的人。教育是一个灵魂唤醒另一个灵魂，是一片云推动另一片云。国学教育使学校的发展、人的发展都有了方向。近几年，学校实施"五生发展模式"，即以生命式发展模式来发展学校，以生成式发展模式来发展教学，以生活式发展模式来开展学校活动，以生长式发展模式来开展教育活动，以生存式发展模式来开展安全法制教育。三年来，获国际、国家、省、市、区各种奖项500多项，师生获奖3000多人次，多家媒体包括《中国教育报》、中央电视台、香港电视台、广东卫视、《深圳特区报》等多次报道宣传学校的办学经验，社会各界和学生家长对学校的办学十分满意，美国、加拿大、新加坡等国家与学校建立了姊妹校。学生的成长和发展可以描述如下：

其气质可谓高，其能力可谓强，

其素养可谓实，其成绩可谓优，

路漫漫其修远兮，吾将上下而求索。

浅谈现代学校制度建设的八个关键

全面推进依法办学、自主管理、民主监督、社会参与的现代学校制度建设，提高教育治理能力和教育管理现代化水平是办好一所学校的国家要求，也是办好一所学校的社会要求。那么，什么是现代学校？什么是现代学校制度的建设？现代学校应该是怎样的呢？现代学校制度建设到底该怎样建设呢？校长或办学者作为一所学校的领袖人物又该如何聚力现代学校制度建设？如何带领全校师生力争使学校尽快步入现代学校行列呢？带着这些问题，广东省深圳市宝安区西乡西湾小学经过多年的实践探索，逐渐形成了这样一个共识，那就是现代学校制度是适应时代发展要求的，是与我国当前的教育教学改革相适应的规则体系，它是具有生命力的，因此，以具有生命力的生态思想来推进现代学校制度的建设也是最具生命力的建设。

西湾小学是一所百年老校，始建于1895年。100多年的发展使西湾小学积淀了底蕴丰厚的学校文化，同时也为建设现代学校制度奠定了良好的基础。目前，西湾小学被评为深圳市现代学校制度示范学校。在深圳市的众多学校中，西湾小学率先推进实施了教育改革，并在学校章程、依法治校、依法治教、自主管理、卓越绩效管理等方面都先行先试，取得了丰富的经验。西湾小学建设现代学校的基础做法是，坚持以生态思想为主线，以学校文化为基础，以现代学校为目标，以依法治校为目的，以高效管理为路径，以创造卓越为方向，不断探索实践，改进学校的教育教学和管理的方式方法，努力构建现代学校制度建设。

1. 构建规范完善的制度文化

以文化打造制度建设，并着重强调民主性与公平性的关系。不管是涉及哪方面的制度建设，都一定要本着这两个关系重点进行建设，否则制度就只会是空泛而没有任何意义的，例如学校的章程建设。章程建设是一项非常基础的工作，章程是一个学校的基本法，也是学校的"宪法"。

2. 形成以理服人的管理文化

有了现代制度，就必须要有管理文化。怎样把文化创造做好呢？主要是强调文化的多样性和差异性。教育不是像有些人说的用模子做砖头一样，装模一下就能制造出来一批砖头。做砖头是工业化生产，学校管理却不能这样，每个人都不一样，各有长项和弱项，学校教育也一定是多样的、有差异的。所以，学校的管理一定要体现人文，科学导向，精细落实。

3. 打造知恩明理的学生文化

学生文化强调个性化与创造性，特别强调其个性化。想要体现学生的阳光向上、明理快乐、健康智慧，就一定要强调其个性的创造。

4. 建立以生立教的教师文化

教师文化强调开放性与国际性。教师的专业发展，让教师在教育生命中的价值在教育实践中得以体现。没有良好的教师发展，就没有良好的学生发展。西湾小学李希贵校长曾经说教师第一，也说过学生第一，事实上这两者是相辅相成的。

5. 建设书香满园的环境文化

环境文化强调社会性与终身性。环境潜移默化地影响着每一个人。

6. 强调和而不同的交往文化

交往文化强调接受性和融合性。学校必然要和很多同类别、同级别，或不同类别、不同级别以及各种文化背景与教育相关联，甚至没任何关联的对象交往和交流。如果不能摆正自己的位置，不能包容和接纳不同的文化，固执、偏见的不能接受别人，排斥融合，这种交往必定是失败的，因为带着这种看法，就不可能会公正、公平和尊重。

7. 建设和谐智慧的课堂文化

课堂文化最关键的是创新性和信息化。从学校的发展来说，情感世界、精神世界和生活世界都是教学课堂中必须关注的，如果这些关注没有做到位，课堂的生命力，即创新性很可能不足。

8. 形成活跃有序的行为文化

行为文化强调包容性与示范性。学校文化是有行为性的，行为文化首先要包容别人，然后再起示范作用。

以卓越绩效管理模式推进现代学校制度建设

推进现代学校制度建设是实施依法治教、依法治校的必然要求，也是教育适应新时代发展的必然要求。学校教育要走向卓越，要实现现代化、国际化、城市化、信息化，就必须要走出一条适合自己发展的道路。探索现代学校制度建设，创办人民满意的学校是学校的责任。

西湾小学这所百年老校，上学年度被评为深圳市7所卓越绩效管理试点基地学校之一，卓越绩效准则在为学校运作提供流程、帮助学校落实办学理念、增强教职工归属感等方面具有很强的针对性，也具有明确的引领性。西湾小学在积极推进现代学校制度建设方面走出了一条以卓越绩效管理模式构建的现代学校制度建设之路，取得了良好实效。

一、以教育生态思想理念推进现代学校制度建设

现代学校制度建设其本质就是要建立一种能融合各种教育资源，协调各种教育关系，使处于教育关系中的各种对象都能得到良好的可持续发展，既有利于当下，又有利于未来时代发展的新型学校制度，这样的机制建设是生态化的，是具有生命力的。所以，现代学校制度建设必须以教育生态思想为前提。

本着这一理念，在现代学校制度建设过程中就要注重辩证地处理好制度管理与人文关怀、自律与他律的关系，努力营建和谐、负责、进取、务实、创新的团队文化，力争把学校打造成为师生共同需求的精神家园。

以基于卓越绩效管理模式下领导力与发展愿景为价值目标的教育生态思想，其价值指向就是建立以人与自然、人与人、人与社会和谐共生、良性循环、全面发展、持续繁荣为基本宗旨的教育生态文明系统。它既包括学校教育生态体系、生态课堂等，也包括追求和体现"生命""规律""个性""自主""自由""差异""多样""再生""共生""全面""整体""均

衡""公平""开放""和谐""协调""多元""系统""统筹""发展""可持续"等观念的教育研究和实践活动。

1. 教育生态理念

现代教育归根到底是要落实在培养人的核心能力上。结合卓越绩效管理模式，西湾小学以常规课程为基础，以"素养"课程为切入点，以"和德文化"为载体，重视传统文化的熏陶，重视学生综合素养的培育。

2. 制度建设的愿景

西湾小学将"创造适合每一个学生和谐发展的教育"的办学理念融入学校的管理制度中，构建规范完善的制度文化，强调民主性与公平性，体现人人平等，严宽结合，"管""理"统一，完善教师队伍建设制度，促进教师专业化发展。

依托卓越绩效管理模式，学校及各部门制订年度计划及五年规划，统一论证其可行性；组织专班制定完善学校章程、奖教奖学方案等多项制度；制定落实各功能室的使用规定，制定规范学校教职员工的职责，并将上述整理汇编成书。

改革和完善教师激励机制。建立体现学校办学需求，充分尊重教师劳动，符合按劳分配、按质分配原则，能充分调动教师工作积极性、主动性、创造性的多元化激励机制。完善骨干教师及干部培养机制。建立骨干教师、后备干部的培养机制，形成合理、可持续的教师和干部梯队。建立教师专业发展培训机制，既要形成教师专业发展校本培训制度，又要完善教师专业发展管理制度。

3. 校园文化建设的愿景

西湾小学提出打造"和德文化"校园。在这一理念的引领下，学校各方面的文化建设也一一延展。

倡导以理服人的管理文化：强调多样性与差异性，体现人文见长，科学导向，精细落实。

建设知恩明理的学生文化：强调个性化与创造性，体现阳光向上、明理快乐、健康智慧。

打造以身立教的教师文化：强调开放性与国际性，体现教者儒雅，以研为乐，立德树人。

营造书香满园的环境文化：强调社会性与终身性，体现五化合一，文化传承，厚实底色。

提倡和而不同的交往文化：强调接受性与融合性，体现仁法相衡，经权相谐，兼容并蓄。

强化和谐智慧的课堂文化：强调创新性与信息化，体现卓越灵动，开放多彩，教学相长。

形成活跃有序的行为文化：强调包容性与示范性，体现为人求真，为学求实，以思为悦。

二、以事实管理与创新管理相结合推进现代学校制度建设

在卓越绩效管理模式下，所有部门之间，各利益相关者都是一体的。与企业相比，学校也是一种典型的利益相关者组织，要始终以人为本，尤其要重视学生、教职工、利益相关者和市场的需求，并随时关注和把握他们的满意度情况。

以基于卓越绩效管理模式下利益相关者与社会责任为价值观的决策，必须权衡和兼顾各利益相关者的利益。学校的利益相关者主要有政府、社会、社区、家长、学生、教职工等。为了维护各利益相关者的利益，应重视利益相关者共同管理，加强学校外部利益相关者对学校管理过程的参与和监督，强化学校内部利益相关者的权力制衡等，以推进学校现代管理体制的改革与创新。

1. 进一步完善学校民主决策制度

凡学校重大事项，都要经科学论证，广泛征求意见。通过实施民主决策制度，畅通师生建议或意见的表达和反馈机制，进一步完善和落实以奖教奖学制度、绩效工资分配制度、教师职称聘任制度、中小学办学水平评价制度和教师专业发展制度为主的现代学校管理制度，提高学校行政管理和教育教学管理效能，为推行现代学校制度建设打下坚实的制度保障，建立和完善理事会制度下的学校管理制度体系。

2. 贯彻质量理念，提升管理效能

建设"学习型、研究型"管理团队，开展"管理小课题"研究，将管理中所遇到的突出问题提炼成课题，通过研究的方式推进工作，并将研究过程中的

困惑和思考提交行政会，借助团队的智慧寻求有效途径，提升行政团队的融合度和领导力，形成开放、互动、和谐、创新的管理文化，提高整体管理效能。

建立和完善教学质量管理系统。在学校已有的教学管理制度的基础上，进一步完善教学质量管理系统、品牌课程建设机制等，保障学校办学质量，提升学校办学水平，实现科学、精细、规范、全面、全程的管理。对教育教学的每一个环节、学生学习的每一个时段、管理流程的每一个阶段进行全面的质量管理。对教育教学实施的各个环节进行全程管理，体现纠正与预防的功能，保障教学过程的科学规范化。

3. 开发课程资源，拓展学生学习领域，依托各类资源，形成学校特色课程体系

开发课程资源，建设以"社会化学习"为特色的现代学校课程，借助社会开发课程资源，充分利用社区、企事业等资源，拓展学生学习领域，强化学校办学特色，形成有特色的学校课程体系。

三、以实现学校、家庭与社区的合作共赢推进现代学校制度建设

现代学校制度建设必须以尊重员工和合作伙伴，并关注结果和注重未来为价值导向，实现学校、家庭与社区共同合作共赢。

1. 秉持现代学校的发展是开放式的发展

坚持开放办学，实施开放教育，积极争取各级政府及社会力量对学校的支持，密切联系社区、家长，实行学校、社区、家庭"三位一体"的办学模式。

要求学校加强与家庭及社区的沟通和联系，发挥社区各方参与教育的积极性，形成学校与社区双方在教育上的互相支持、互相配合的良好互动关系。加大家长在学生教育上的参与度，形成教育合力。同时，学校要进一步发挥社区、家长在参与学校管理、评价学校发展中的作用，要让社区、家长、专家等各方参与到学校管理中来，为学校的发展出谋划策，监督学校的办学情况，拓展学校的发展空间，从而促进学校办学水平的提高，促使学校创办人民满意的学校，培养社会需要的合格人才。

2. 秉持现代学校的发展是内涵式发展

现代学校的发展是内涵式发展，而内涵式发展所依靠的资源主要是人力资源，只有关注了"人的发展"才能促进学校走上内涵式发展之路。西湾小学通过改革和完善教师制度，逐渐建立了一支拥有现代教育教学理念、传承学校办学思想，具有学校精神，能为实现学校特色发展服务的教师队伍，实现师资培养的本土化。在教师队伍的建设过程中，传承学校文化，体现学校个性特点，实现现代学校的发展。

教师的发展落脚点在学生的教育发展上。学校以教风、学风、校风建设为抓手，进一步细化教学过程管理，不断深化课程改革，积极探索高效课堂的教学模式，形成"轻负高效"的课堂教学体系，以开放式教学为抓手，持续探索和推进课堂教学改革；以"素养课程"为特色，建设鲜明的学科特色。落实义务教育工程，在课程建设、养成教育、信息技术、艺术、体育特色等方面形成培养体系，实现学生多元化的全面发展，充分启发学生的各种潜能，创造多样化的发展机会，真正做到因材施教，为学生的全面发展和个性发展提供广阔的舞台，在实践中不断完善，让学生快乐成长，养成良好的习惯和具备扎实的知识基础。

3. 秉持倡导"以人育人，共同发展"的教育理念

我校通过学校教育、家庭教育、社区教育以及家长学校、家长委员会、集体家访等教育活动方式，使学生、教师、家长、学校、社区、家庭都能紧密地联系在一起，组成一个建立在一定文化认识基础上的文化共同体、情感共同体、利益共同体和具有相同认识的生命价值共同体。

进一步密切家校联系，办好"校长接待日""教学开放日"等活动，广泛地听取学生家长和社会各界群众对学校工作的意见、建议和批评，接受群众咨询，受理群众诉求，切实地帮助群众解决实际问题，不断地改进学校工作，推进教育行风建设，提升学校的社会亲和力和公众信任度，密切学校与家庭、社会的深层联系，携手共谋学校发展长远大计，实现多方的合作共赢。

四、感悟与困惑

我校以基于卓越绩效管理模式推动学校发展、教师发展与学生发展为考量，推进现代教育制度建设。主要有以下几点困惑：

（1）如何把学校卓越绩效管理模式和办学水平评估体系相结合、相统一。

（2）在推进现代学校制度建设过程中，如何把现实结果和未来结果有效统一。

（3）以卓越绩效管理模式推进现代学校制度建设，在推行过程中必须加大力度进行宣传，让多方了解卓越绩效管理的科学性、规范性、合理性、创新性，推动的速度和效能会更好。

精心打造学校文化　创办人民满意教育

——在深圳市校长论坛上的发言

　　两天来，聆听了几位专家的讲座、报告，以及几位校长的挂职学习体会、经验和做法，让我们对教育局领导精心组织的本次论坛的目的和作用有了深刻的理解和感悟。同时，让我们对处于社会转型期的现代基础教育的思考、理解、把握和推动有了进一步的认识，也增长了很多的见识。

　　当前，我国社会正处于高速发展和快速转型期，许多社会问题、社会矛盾和社会影响，不断地对教育提出了新的要求。现代学校制度的建立、学校文化的建设、教师专业化发展、校本研修、课程体系的调整、学校管理机制的创新等，都已成为现代学校发展必须重新思考、定位、构建及研讨的课题。与此同时，教育对社会的功能性作用，对人的成长、发展的价值化体现也越来越明显。在这样的社会背景下，整个社会和广大民众对教育的关注愈加突显，教育已成为社会进步和发展的关键因素之一。因此，作为教育工作者的我们，已经感到了责任和压力，那么，我们该怎么办呢？在这里，我将就如何打造学校文化的一些认识和思考，加以汇报，期望得到领导、同仁的批评和指教。

一、树立"一个"思想

　　学校文化的建设一定是建立在一个崇高目标之上，没有远大目标，就不可能干劲十足，也不可能取得辉煌成就。例如，为我们做报告的人大附中刘校长就为学校确立了远大目标，才有全校的行动口号，也才有了学校今天的成就。为此，我们为自己确立的目标是：办好学，让所有的学生上好学。教育公平是社会公平的底线。教育资源对于广大民众而言，人人都有公平的使用权，尤其是弱势群体和贫困人群，教育对他们来说更是改变命运和生活的重要平台，所以，必须要在现代社会、现代教育中，体现公平、均衡发展的原则，要让所有的学生平等地享受学校的一切资源，并尽可能地提供给学生优质资源，把《义务教育法》《未成年人保护法》等国家法规融于学校的教育之中，做到"不放弃一个，不抛弃一个"，力求让所有的学生都能在学校教育中健康成长，全面发展。

二、坚持"两项"策略

1. 坚持特色办学

办学，归根结底是办文化。学校，是文化传承、传播的中心。学校要办出文化，归根结底是要有思想；教育要呈现文化精华，归根结底是要有自己的特色。

特色学校是办学思想的整体体现，是全面质量管理的结晶，是传承与发展的必然，是学校文化的沉淀。特色学校应以独特的办学思想为灵魂，以严格稳定的常规为基础，以特色的学校文化为标识，以师生的素质特征为归宿。

2. 坚持文化创新

（1）不断丰富和发展学校精神，创新学校思想文化。

（2）构建适应时代发展的校本课程，创新学校课程文化。

（3）以"小连环"教学研究这一教研模式为载体，创新学校校本教研文化。

（4）不断建设和完善数字化校园，创新学校网络文化。

（5）以"关爱他人"为核心主题，营造育人氛围，创新学校育人文化。

（6）优化整合环境资源，创新学校环境文化。

（7）建学习型组织体系，创新学校制度文化。

（8）走内涵式发展道路，创新学校管理文化。

（9）依据多元智能理论，创新学校艺体文化。

（10）加强对外交流活动，创新学校人际文化。

三、突出"三个"追求

在学校文化建设中突出对真、善、美的追求，将学校文化建设最终落脚在以下三点：

（1）注重全体学生的健康成长和全面发展。

（2）注重全体教师的专业化发展和生命质量的提高。

（3）注重学校的办学水平和办学质量的不断提升及不断发展。

四、实现"四个"结合

1. 把学校文化的建设与人的发展紧密结合

学校文化最终体现为人的成长与发展，所以，学校文化建设说到底是人的成长和发展。

2. 把学校文化的建设与课程文化紧密结合

课程文化建设是学校的活文化，也是体现行为文化、精神文化的有效途径，对学生的影响举足轻重。

3. 学校文化的建设要把说教和践行相结合

教育的最终目的是体现在行为表现上，所以不践行、不实验，当为"空教"。让传统文化能在师生身上"固守之，践履之，证成之"，才是我们要做的。

4. 学校文化的建设要把教育者和受教育者相互作用，紧密结合

校长与教师、教师与学生、教师与家长、家长与学生、学校与社会等要相互推动、相互作用、相互影响，以人影响人、带动人、发展人。

五、抓好"五项"工作

1. 建环境

建设一个人文化、生态化，融美化、净化、文化、诗化为一体的学校校园环境。

2. 形特色

琴、棋、书、画、艺、体、德等方面要形成特色。

3. 重实践

把"关心他人"作为学校的德育核心主题，开展"五心"教育和实践活动。

4. 提质量

推广"成功教学法"，努力提升教学质量。

5. 搞科研

扎实开展课题研究，科研兴校。

学校文化的形成与发展，需要全体师生的不断培育、形成、提炼和发展，甚至需要一代代学校建设者不断地发扬和传承。我所在的荣根学校经过25年来的沉淀与发展，已经形成了一定的学校文化，虽然还很淡薄，但我们有信心、有决心，抓住机遇，创造机会，不断丰富和发展学校文化，为宝安区教育的大发展再立新功。

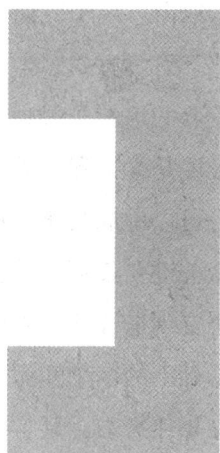

课堂改革

第三篇

生态课堂的设计与探索

生态课堂是怎样的课堂？生态课堂是舍弃标准，尊重生命个性、生命个体特征，尊重人的自然生活成长法则，遵循社会时代下人与自然、人与社会、社会与自然等的均衡、和谐和发展的原则。生态课堂的目标是提升人性，提升生命意义，提升生活意义，张扬个性，多元发展。它追求两个层面的获得：一是语言文字符号所直接表达的学科内容（即概念、命题、理论），二是蕴含在学科知识内容和意义之中或背后的精神、价值、方法论、生活意义。它也可以当作两个方面的课堂取向：一个方面是知识、技能、能力的获得，另一个方面则是人的精神、情感、思维方式、生活方式、价值观的生成与提升。生态课堂的价值是人的核心素养的培养与提高，即文化基础、自主发展、社会参与三个方面的发展。四个维度是生态课堂关注的重点，即传授知识、价值引领、思维启迪、品格塑造，也可以说成文化传授、能力提升、发展关系、改变观念。生态课堂还要把握三个关键要素：一是要创造积极主动的学习，二是要创造合作与交流的学习，三是要创造综合与表现的学习。生态课堂的课堂模式永远是建立在学习化共同体基础上的一个知识获得过程，这个过程既是过程也是结果；既是个人行为，也是集体努力。其学习方式可以是任何使过程有意义、有价值的经历、方法及环境，包括体验式、活动式、游戏式、实践式、讨论式、讲解式、项目任务式、小组学习式、网络交流式、深度学习式……

生命是一种开放性、生成性的存在，生态课堂关注生命、生活、生态，所以生态课堂主要体现如下：

第一，要积极倡导原生态学习。要把原生态的核心性的学习提供给学习者，让学习对象有更多的机会直接面对原生态的问题情境和问题本身，从而有更多原生态的思维、情感、生活的介入。

第二，要积极倡导有高阶思维的深度学习。学习既然是一个过程，就要使得这个过程能成为个人成长和社会发展的良好途径，它能超越文本和符号，使人获得思维能力的提高、思维品质的提升和思维态度的养成。

第三，要注重原生态的生活问题。生活即教育，生活即学习，生活即成长，生活问题即生态问题。生态课堂强调让学习者将生活融于学习过程，把知识还原于生态世界，不仅要学习学科知识，而且能对自然界和社会生活、生产中客观存在的以及能够反映科学概念、规律本质和未被加工的自然现象或现实进行深度思考，发现法则和科学原理，让源知识成为活知识，让"静"知识成为"动"知识，让知识成为社会生活的推动力和科学解释，为社会发展和个人成长服务。

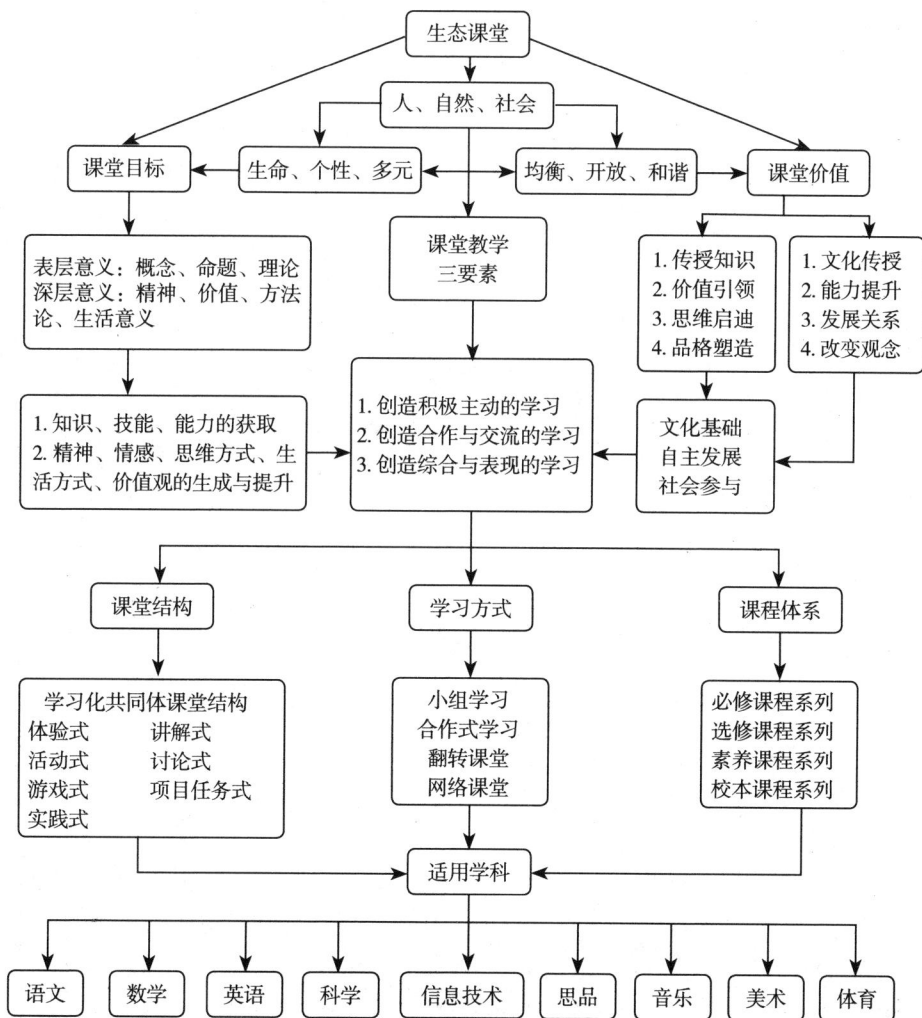

西湾小学生态课堂基本理念框架图

　　生态课堂的建立是为了让学习者接受生态教育，生态教育则是为了能让学习者感受到生命的价值，生命的价值就是人性的提升，人性的提升就是社会服务性的增强，一个人社会服务性的增强表现为具有积极的生命情态，充满生命活力，对社会肩负道义和责任，生活乐观、积极向上、诚实友善、爱国敬业、团结合作，让生命在生活和成长中闪光。

学习化课堂环节的设计与思考

学习化课堂的一个中心，两个基点，七个环节。

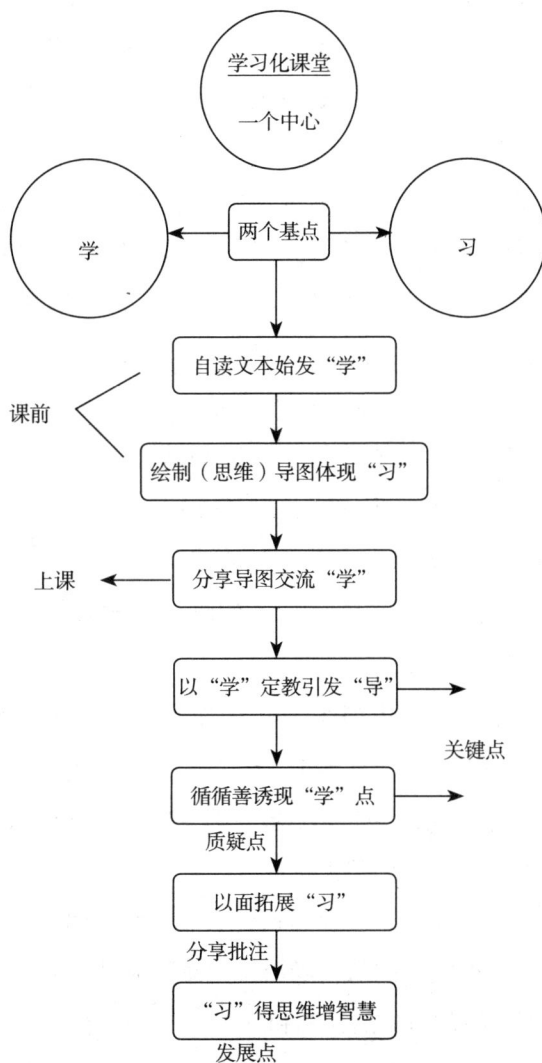

学习化课堂的本质是改变了"教本课堂"和"生本课堂"中的以教师或学生为关注点的旧观念，把课堂定位在对人的关注上，而且是单项关注，不是教师，也不是学生。尤其是"教本课堂"只关注教师，关注教师的教法、教态、环节、技巧、知识能力、专业水平、水准等，仅只是关注了因果的"因"，导致教学研究、教师培训、课堂改革等无从下手。"教本课堂"从教师个人的相关层面出发，引发了教师在课堂教学中形成了"演、死、虚"等局面，教师把课堂当成了表现、体现、展示个人能力、风采、专业水平、技巧、技术、价值的舞台。这种关注形成了课堂改革以教师为主，以教师提高自身的能力为主的培训、成长的局面，始终无法走出改革的误区，因为只发展教师是不可能由教师之因而产生学生之果的。常言说"种瓜得瓜，种豆得豆"，种"教师"之因只能得"教师"之果，教师发展并不一定能成为学生发展的动力源。

而"生本课堂"虽然从教师之因走到了学生之因，想从学生之因导致学生之果，但是"生本课堂"的主导是教师，是教师结合自身的观点、经历等观察、看待、理解和引导学生。这里有一个事实，那就是"教师与学生之间永远有代沟"，这种代沟因为基于角色、文化、环境、知识等原因是无法用自我约束或自我教育、自我改变、专业培训、知识能力等来加以彻底地消除，而且并非所有的教师都有意愿、能力和认知去主动改变。因此，"生本课堂"虽然强调以生为本，但事实上却无法以生为本，只能是以教师心目中的"生认知"为本，导致"生本课堂"的改革与发展仍然强调教师的主导认知和能力，最终又走入了"教本课堂"的改革和发展的思维之图，教师仍是主角。

"学本课堂"，即学习化课堂，强调原生态，真正来源于学生的"因"包括学生的认知、能力、知识、水平、表达、交流、沟通、展现、判断、价值观、发展观等。其路径是从学生身上来。到学生身上去；从学生身上来，到教师身上去；从教师身上来，到学生身上去。它是一个平面上的点点对应，而不是不同平面上的点点对应，是平等关系、平面关系，而不是垂直关系、上下级关系，不是教师、学生相互间从自身出发去理解和认知相互的对象。这首先就克服了对相互学习交流的对象的误解和不理解，或不了解。

"学本课堂"是教师、学生相互表现的舞台，是他们相互交流的平台，是他们相互提高认知水平、价值体系的平台，这个平台会让课堂改革走出困境。

　　"学本课堂"的关注从人转到了"学习和发展"，从对人的相互情感与认知水平的理解和迁就转变到对"知识"认知、态度、情感、发展的关注上，是从"硬件"到"软件"的关注的一种转变。

在课堂中静听花开的声音

近期，区教育局开展"机关干部下基层、学校领导进课堂"的活动，我与钟裕文、庄丽君两位副校长积极响应活动号召，深入教学一线听课。我以学生的身份在六年（4）班连续听了4节课，亲身体验课堂教学中学生的感受。所听课程依次为英语、两节语文、数学，执教者依次为曾荣新、欧阳利杰、张运学三位老师。听课内容包括检查教师的教学纪律、教学态度、师德师风、仪表仪态，了解教师的教学准备、教学内容、教学方法、教学手段改革和教学效果等情况。

在听课过程中，我本着求真务实的精神，认真记录，细心观察教学的每一个细节，及时发现教师在课堂教学中存在的问题和不足。

听完课后，我和三位老师进行了座谈，和他们一起对课堂教学进行了面对面的探讨，肯定课堂教学中的闪光点，谈成功，找薄弱，指出课堂教学中存在的问题，深剖课堂教学的细节，共同探讨教学中的疑难问题并提出改进意见和建议，对教师课堂教学中的细节、实效等问题进行针对性的分析，和教师一起探讨如何形成更有效的课堂教学的方法。

在座谈交流中，三位老师都非常诚恳地谈了自己的心得和体会。课堂教育教学中所存在的问题表现在以下几个方面：英语课，学生读音不准；语文课，学生懒于动脑筋，不善表达；数学课，学生计算能力较差，计算容易出错等，针对这些问题，我和三位老师共同研究了改进的具体措施和设想，如英语课要落实课堂教学的听读训练，语文课要培养学生的作文兴趣，数学课要落实学生的运算能力等。

提升教育质量，教师是关键，课堂是主阵地。为了抓好课堂教学质量，切实地减轻学生课业负担，真正落实"聚焦课堂，决战课堂，优教实效"的目标，落实常规，狠抓教学细节，全面提升教学质量，学校对教学工作做出了新的部署：

（1）要深入研究管理方法，提升管理水平。学校领导定期深入一线听取教师的意见，和一线的教师共同探讨课堂教学，促进学校和教师把工作重心转移到课堂上，关注学生，注重教学效率，让每位教师都有新的认识和得到质的提升，真正地促进课堂教学，使常态下的课堂教育教学更有效、更扎实。我们将把推门听课作为一项常规的教研活动持续开展下去，促使教师在常态教学上下功夫，努力提高每节课的教学效率，切实提高教师的业务素养。

（2）要求全体教师要牢固树立改进课堂教学的理念和思想。面对新课程改革中大部分教师遇到的"老办法"不能用、不管用，"新办法"不会用、不敢用的困惑，学校要求全体教师要与时俱进，顺应教育改革发展的趋势，使用改进课堂教学方法的新思想、新理念，大胆探索实践，勇于创新突破。

（3）要求全体教师在课堂教学中多向学生倾注"情"和"爱"。教师要用更多的"情"和"爱"，更多的"关心"与"帮助"来对待学生，做到以"心"换"心"，以"情"育"情"，春风化雨，润物无声。要把真心真情投入到实实在在的教学中，努力培养学生优良的品质，激发学生爱老师、爱学习的情感，大力提高教育教学效果。

（4）要求全体教师正确处理主导与主体的关系。教师在具体的课堂教学中必须真正落实以学生为主、以学习为主、以训练为主、以运用为主的教学新理念，突出主体，把握主导，做到教学相长，师生共同进步；教师必须面向全体学生，不缺位，不越位，运用智慧，发挥"导演"作用，把学生的情感振奋起来，活跃学生的思维，开发学生的潜力，激发学生的智慧，充分调动学生的学习兴趣和自觉探究的积极性，提升课堂教学质量和管理效果。

（5）要求全体教师进一步加强学习，用新理念、新思想引领教育教学行为。教师在学习和工作中做到用心学、用心教，用"情"学、用"情"教，自我加压、自我激励、自我成长，一步一步向"名师"迈进。

"组结式"国学教学模式初探

国学是中华民族传统文化的核心价值，是数千年来中国人思维方式、行为方式、生活方式的结晶，滋养着每个中华儿女的血液和灵魂。自2007年宝安区国学研究会成立以来，国学教育在我区中小学全面铺开，并逐渐形成了浓郁的国学教育氛围，各国学实验学校把国学与学校教育相结合，充分发挥学校特色，以各种形式把国学经典融入校园文化建设、思想品德教育和学生活动中，形成了百花齐放、蓬勃发展的局面，国学进校园取得阶段性成果。在此基础上，进一步推进国学进课堂，使国学教育走进教育主阵地，与课堂教学相结合，才能真正发挥传统文化对学生精神培育、人格塑造、心灵滋养和文化传等的功能，形成可持续发展的国学教育机制。为此，我校对国学课堂教学进行了积极的探索，在怎样进、进什么、要什么、结什么果等方面不断创新，探索出了"三组三结"课堂教学模式，简称"组结式"国学课堂教学模式。

一、"组结式"国学教学模式的构想和制订

（一）在传统文化与学校文化的有机结合中构想

中国传统文化博大精深，纷繁复杂。中华文明经过五千多年的发展，古代典籍浩如烟海，儒、释、道、法、墨、兵、名、纵横、杂、农、小说、医、阴阳等各家文化相互渗透融合，犹如无数纵横交错的根须组成的强大根系，焕发着惊人的生命力，植根于绵延数千年的优秀传统文化之中。中华民族虽历经岁月磨难但至今仍枝繁叶茂，生生不息，中华传统文化就是中华民族强劲的根须。

学校文化要根植于中华传统文化，像榕树之根深植于大地，吸纳一切而化为己有，正如国学教育的追求：在驳杂的传统文化中含英咀华，培育

人的精神品格。

学校教育要根植于传统教育，像榕树之根盘根错节，虽纵横交错但体系明确，正如国学课堂教学应遵循的规律：于纷繁的经典中"组结"整合，理出文化脉络。"组结式"国学教学模式由此产生。

（二）"组结式"国学教学模式图

"组结式"国学教学模式将学生的习、知、行与教师的备、上、作进行了有机结合。"备"是指学生和教师共同学习和准备知识的过程。"上"是指教师和学生共同理解、感悟和升华国学经典的过程。"作"是指国学教学的最终目的就是要把学习落实在行动之上。

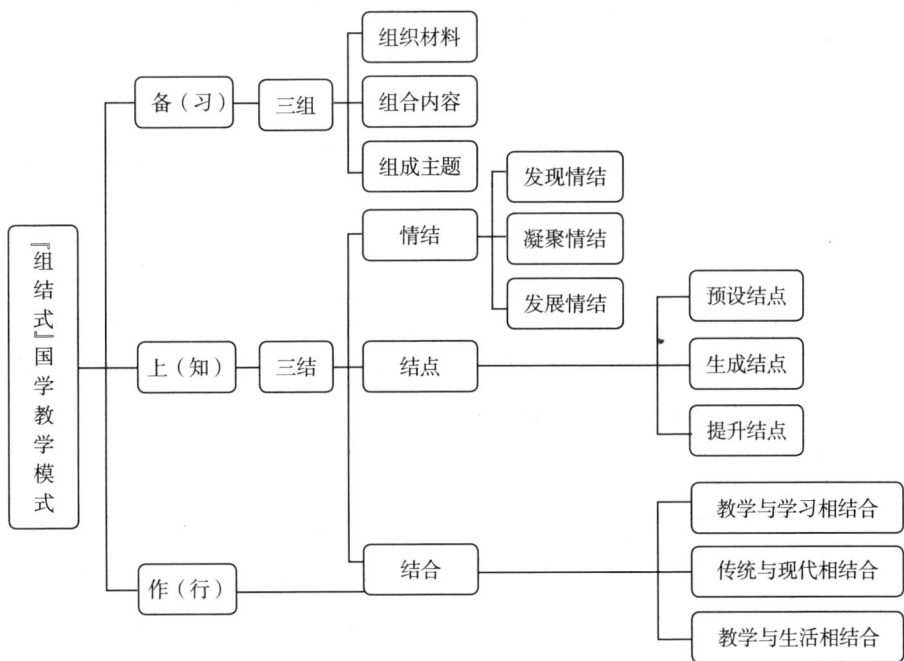

"组结式"国学教学模式图

二、"组结式"国学教学模式的实施

"组结式"国学教学模式的内涵包括组和结两大块，其基本结构是"从组导入，以结导学，组结升华，知行合一"。

（一）组

"组"包括组织材料、组合内容和组成主题三个层次。从课堂教学环节看，"三组"是课前准备阶段。

1. 组织材料

组织材料是指课前师生从课题出发，通过各种渠道搜集古今中外的各种材料，形成教学资源，为课堂教学搭建厚实的文化知识平台。

2. 组合内容

课前教师和学生搜集了大量的材料，但这些材料并不等同于教学内容，教师需要把这些材料条理化、系统化、层次化，从材料中组合内容，并根据内容合理运用诵读、思辨、体认等教学手段，形成课堂教学内容。

3. 组成主题

传统文化博大精深，在国学课堂教学中，抓住一个主题，往往能起到提纲挈领、纲举目张、统揽全局的作用。所谓组成主题，就是从材料和教学内容中理出清晰的脉络，明确一个主题，形成一条主线。

（二）结

"结"有三层含义，即文本中蕴含的"情结""结点"和国学教育应遵循的"结合"原则。从课堂教学环节看，"三结"是挖掘文本潜在底蕴，使课堂教学和学生探究不断提升和发展的推动力。

1. 情结

国学一个突出的共性特点是经典中蕴含的丰富的人文内涵及传统文化特有的价值取向，这些因素对人的精神领域的影响是深广的，同时学生在学习过程中对文本的情感体验往往又是多元的、独特的、个性化的，这些都构成了国学教育的"情结"因素。国学中缺乏了"情结"就失去了颜色。"情结"的发现、凝聚和发展构成了国学课堂教学的情感主线。

（1）发现"情结"

国学是蕴含丰富人文精神的经典，课堂教学是人的情感、思维和能力发展的过程。因此，教学内容的情感主线本身就潜藏在文本和课堂学习的过程中。在国学课堂教学中，教师需要从文本和学生构成的情感主线上发现"情结"点。

（2）凝聚"情结"

凝聚"情结"是指教师对情感主线上的"情结"点进行抽象、提炼、整合，使之成为具有教学价值的过程，是"三组"阶段组成的教学主题具体化的过程。

（3）发展"情结"

国学课堂教学的目的是通过课堂教学和学生的学习活动，达到文本的人文精神和学生情感体验的提升和发展，所以"情结"的发展是国学课堂教学的最终目标。

2. "结点"

"情结"的发现、凝聚和发展构成了国学课堂教学的情感主线。怎样使课堂在这条情感主线上不断向上发展？这就需要预设、生成、提升课堂的"结点"。

在课堂教学中，一方面教材本身具有认知难点，另一方面，学生在阅读过程中必然生成各种问题，因此课堂上就有了许多有待解开的"结"，这些"结"构成了课堂中的"结点"。课堂的"结点"是情感主线向上发展的助推力，是课堂的亮点、高潮点。

（1）预设"结点"

传统文化的形成是一个各种思想文化不断吸纳、碰撞、融合、创新的流变过程，这就决定了传统文化中必然存在诸多交会点。同时，学生在课堂中也会遇到难点、焦点、矛盾点。这些都是课堂教学中应该预设的"结点"。

（2）生成"结点"

课堂是一个不断生成的过程，尤其是国学课堂教学，文化差异和时代的局限，导致现代人在接触国学经典时，对传统文化的解读往往具有时代特征，有时会与文本之间产生冲突，甚至出现完全背离的情况，同时教材本身也具有认知的难点。因此，在课堂中会不断地生成许多问题，这些课堂教学中需要解开的"结"，构成了课堂的生成"结点"。

（3）提升"结点"

课堂的本质是发展。从教学内容来说，课堂发展是知识逐渐深入系统化的过程；从学习主体来说，课堂发展是人格提升、精神发展的过程。因而，要实现课堂的发展，必然要求课堂教学有提升点，这就需要在预设"结点"、生成"结点"的基础上，寻找课堂的提升"结点"，使之成为课堂的亮点和高潮点。

课堂以"结点"导学，通过课堂"结点"的预设、生成和提升的落实，推动课堂情感主线的不断向上发展。

3. 结合

在进行国学教育的过程中，需要面临的是国学的现代意义的问题。国学教育的最终落脚点要立足于现代。

（1）从文化层面看，国学课堂教学应该遵循传统文化与现代文化相结合的原则。五千年的传统文化有精髓也有糟粕，在教学中必须做到去粗存精，去伪存真，继承和弘扬传统文化中的精华，摒弃糟粕，把传统文化的价值观与现代社会相结合，批判地继承。

（2）从教学过程层面看，国学课堂教学应该遵循教学内容与现代生活相结合。我们教学的对象是生活在现代文化背景下的学生，他们没有传统社会的生活经验，在教学过程中，要注意与学生已有生活经验和知识相结合。

（3）从教与学的层面看，应该遵循教师的教与学生的学的能力形成相结合。国学教育的最终目的是通过对经典传统文化的学习，逐步成为具有文学水平和文化修养的现代人。

三、"组结式"国学教学模式在教学操作中的变通

俗话说，"教学有法，教无定法"。课堂教学是一门艺术而不仅仅是技术。针对不同的学生和教材，在不同的情况下，教学方法应该是灵活多样的，有针对性的，不应该也不能是一成不变的模式。因此，我们依据国学经典和学生学习国学的基本规律，设计了国学教学基本模式，并提出适应具体授课情境的调节变通方法。基本模式中各阶段的具体操作内容和方式，随学生年级的升高，侧重也应有所不同。

1. 不同学段国学课堂教学相应变通策略

学　段	内　容	方　法	目　标
第一学段（1～2年级）	必背：《三字经》《弟子规》《千家诗》 选背：《百家姓》《千字文》	（1）对低年段学生，教师可侧重于"组"，选择诵读、讲故事、表演等多种形式的教学手段。 （2）侧重诵读、背诵、复述等练习	（1）喜欢诵读国学经典，有主动学习的愿望和兴趣。 （2）感受经典的语言美和音韵美。 （3）积累经典诗文
第二学段（3～4年级）	必背：《论语》 选背：唐诗宋词有关篇目	（1）中年段学生适当增加"结"的比重，在诵读、质疑、探究、理解中感悟传统文化的"情结""结点"。 （2）增加理解语句内涵、朗读欣赏等练习；增加理解思想内容、体会情感、质疑问题、把握中心等练习；侧重文法，增加写作技巧、读后写和练等练习	（1）对学习国学有浓厚的兴趣，养成主动学习的习惯。 （2）能对国学经典中不理解的地方提出疑问。 （3）积累优美精彩句段，以及主动在课外阅读和生活中感悟、运用经典。 （4）诵读优秀诗文，注意在诵读过程中体验情感，背诵优秀诗文50篇（段）
第三学段（5～6年级）	必背：《道德经》 选背：《诸子散文》《易经》（选录）	（1）高年段则可着力于"结合"，初步学会对传统文化进行评价与运用。 （2）增加理解思想内容、体会情感、质疑问题、把握中心等练习；侧重文法，增加写作技巧、读后写和练等练习	（1）喜欢诵读，感受诵读的乐趣。 （2）能用普通话正确、流利、有感情地诵读经典。 （3）熟背《老子》篇目。 （4）理解《老子》含义。 （5）诵读古代诗词，有意识地在积累、感悟和运用中提高自己的欣赏品位和审美情趣。 （6）浅显易懂的文言文，能借助注释和工具书理解其基本内容

2. 特殊类型的课文，可以进行较大的改动或调整

随着社会的发展，人们对自然、科学、宗教、艺术等的理解都在发生着变化，传统文化中的许多内容也需要更新和发展，或者说应该赋予新的内涵和诠释。解放思想，汲取文化精华，在国学教学中对违背科学、违背真理、一言之说、有悖伦理道德的内容要敢于批判和修正，这样才能实事求是，适应时代发

展，传统文化才能在继承上发展，才富有生命力和鲜活性，才能为现代人所接受，为社会和时代服务，这才是我们真正想学习和继承的内容，否则，就会被遗弃和终止。

四、"组结式"国学教学课例解析

以人教课标版小学语文五年级下册第25课《伯牙绝弦》为例，在设计本节课的教学时，要先搜集与文本及文本内容、思想有关的材料、时代背景等，并加以组织，将文本与相关的材料去粗取精，提炼组成本文的主题：知音之交，即组织材料、组合内容、组成主题。

（一）课前准备

（1）教师：准备《高山流水》录音，相关古诗、典故等资料。

（2）学生：课外收集伯牙与子期相交的故事和叙写朋友情谊的诗。

（二）教学目标

（1）能理解课文内容，能用自己的话讲述课文意思。

（2）能积累中华经典诗文，感受朋友间真挚的友谊。

（3）能拓展到实际生活中，体验友谊和叙写友谊。

（三）教学过程

1. 从"组"引入

选用一组经过精心组织的表达朋友间深情厚谊的诗，经过组合，组成本课的主题，即再一次组织材料、组合内容、组成主题。

（1）背诵古诗：《别董大》《黄鹤楼送孟浩然之广陵》《赠汪伦》《送杜少府之任蜀州》《送元二使安西》。

（2）导入：刚才背的诗都有一个共同的主题，那就是表达了朋友之间的深情。但无论是管鲍之交、廉颇蔺相如结下的刎颈之交，还是《三国演义》里刘、关、张结下的生死之交，都比不上今天我们将要感受的伯牙与子期的知音之交。（板书课题：伯牙绝弦）

2. 以"结"导学

（1）古人说，"读书百遍，其义自见"。通过读，可以让学生从中发现情结，即本文写了伯牙与子期的知音之交。

① 自由读课文，把课文读通。

② 找学生试读，根据情况适时出示文章朗读节奏。

③ 出示本文的节奏。

④ 学生依节奏朗读。

⑤ 教师挑选学生朗读，直到读正确、流利为止。

⑥ 请学生说说文章写了什么。（发现情结的点睛之处）

（2）让学生通过读来了解什么是知音，预设置本文情结：知音之交。

3. 探究伯牙、子期之间的知音之交

（1）寻找结点

结合文章注释，让学生想一想文中哪些句子最能体现出伯牙与子期是知音，并结合学生搜集的材料，说说他们彼此是怎么认识的？

（2）生成结点

① 伯牙所念，钟子期必得之。"念""得""之"是何意？从"必"体会到什么？从哪些句子能体会到"伯牙所念，钟子期必得之"。

② 拓展伯牙、子期的相遇。伯牙弹奏了《高山流水》，而子期都能一一听懂，并说出琴声所描绘的内容，二人彼此相投，遂结为兄弟，成为知音。

③ 拓展"必得之"。思考：伯牙在鼓琴时，心中所念必多，还会念到什么？子期会怎样赞叹？

④ 乃破琴绝弦，终身不复鼓。理解"乃""复"。这句话只是说他终身不弹琴吗？他向世人宣告了什么？

（3）提升结点

① 探究伯牙为什么"终身不复鼓"？

② 学生再次说说什么是知音？教师适当提升。

③ 背诵全文。引导学生感悟、理解、朗读、背诵，目的就是为了让学生理解到底什么是知音，从而解决情结，同时插入伯牙在子期坟前的摔琴情境来烘托主题，解决情结。

4. "组结"升华

（1）教与学的结合。学习完本文，老师作了一副对联，上联：子期听曲品神韵。请学生对过对联后，老师出示下联：伯牙鼓琴得知音。讨论：伯牙为知音而绝弦的典故，你认为可取吗？

（2）学习与生活相结合。提问：学习本文，你有什么感受？这个故事对你今后的交友方面有什么启示？

（3）传统文化与现代文化结合。学生积累《论语》中关于描写朋友情谊和交友的经典语录。

（4）小结。这些孔子及其弟子的言论，它能给我们的行为很多指导，今后我们会结识许多新朋友，望你们在交友时谨记圣人言。

"学以致用"充分说明了教学的目的，本环节知行合一，落实了教与学、古与今、传统文化与现代文化的结合。

国学是中华优秀传统文化有别于西方文化的标志，是中华民族有别于其他民族的特征。中华文化博大精深，是中华文明进步和发展的见证，也是人类文明进步和发展的见证。倡导国学，在科技高度发达的今天，其意义和内涵更深远、更深刻。我们将不断探索和创新，让中华文化宝库中最瑰丽的篇章得以弘扬和光大。

校本培训

第四篇

关于教师校本培训的思考

一、教师校本培训的目的

教师校本培训的目的是提高教师素质与专业水平，以适应提升教育质量的需求。

二、教师校本培训的任务

教师校本培训的任务主要有以下几点：

（1）提高职责意识。

（2）提高师德水平。

（3）提高职能水平。

（4）提高专业素质。

（5）提升文化素养。

三、教师校本培训与考核内容

1. 教师职务职责培训

（1）《任课教师工作条例》的培训与考核。

（2）《班主任工作条例》的培训与考核。

（3）《教辅人员工作条例》的培训与考核。

2. 教师师德师规培训

（1）师德的培训与考核。

（2）学校规章制度的培训与考核。

3. 教师职能培训

（1）备课能力的培训与考核。

（2）上课能力的培训与考核。

（3）作业出题与批改能力的培训与考核。

（4）复习、组织、指导能力的培训与考核。

（5）考试出题与指导能力的培训与考核。

（6）说课与课后反思能力的培训与考核。

（7）听课与评课能力的培训与反思。

（8）对学生辅导教育能力的培训与考核。

（9）普通话讲话、谈话能力的培训与考核。

（10）电脑与多媒体操作能力的培训与考核。

（11）课件、教具制作与使用能力的培训与考核。

（12）写字培训与考核。

（13）教育教学研究能力的培训与考核。

（14）与家长沟通能力的培训与考核。

4. 教师专业培训

（1）课程标准的培训与考核：自学，研讨，每学期开学前学科组长辅导。

（2）教材的培训与考核。

通学全科教材：自学，研讨，每学期开学前学科组长辅导。

通备全册教材：假期通备；制订教学计划（确定考核的知识点、教授的重点、学习的难点、编制练习与作业）；开学前要考试，考本学期所教教材内容，要达到要求学生掌握的水平；由年级备课组长检查；一学期重点备一节展示课（年级备课组长要确定每周集体备课的议题与中心发言人；要排满一学期；每次的中心发言人要占备课组人数的1/3，准备提问题的人要占1/3）。每周课前自己要精备（要求学生做到的，老师要先做到）。

（3）教参的培训与考核。研讨、交流本学科（册）教参、参考资料、学生课外读物、网上资源等。

（4）教法的培训与考核。研讨本学科教学法；交流、研讨对学生的教育案例；说人、说事、说课，讲述自己的教育故事；展示自己的研究成果。

（5）小学教育学的培训与考核。

（6）小学心理学的培训与考核。

（7）教育法规的培训与考核的。

5. 教师文化培训

（1）方法论知识的培训与考核。

（2）国学知识的培训与考核。

（3）人文知识的培训与考核。

（4）科技知识的培训与考核。

（5）世界知识的培训与考核。

（6）时事政策的培训与考核。

四、教师校本培训方法

教师校本培训的方法包括：

（1）自学与辅导。

（2）实践与反思。

（3）研讨与交流。

五、教师校本培训制度

教师校本培训制度包括：

（1）定时制度。每周两小时集体备课，两小时业务学习。

（2）定质制度。每次每人有发言提纲，每次每人有学习笔记，每次集体备课有结论与要求。

（3）考核制度。每次学习要有考核，学部互检，教学处审核。

（4）奖励制度。成绩与奖金挂钩，奖励优秀者。

六、教师校本培训的组织与领导

（1）领导：主管校长。

（2）主管：教学处。

（3）组织：年级学科组长。

（4）考核：学部学科组长。

七、"小连环"教学研究培训

（1）"小连环"教学研究的定义。

（2）"小连环"教学研究的流程。

（3）"小连环"教学研究的本质要点，即归真、求实、学习化。

（4）"小连环"教学研究对教育行动与教学行为转化的启示。

创新校本培训模式　促进教师专业成长

—— 在广东省校本培训经验交流会上的发言

近几年，深圳市宝安区沙井街道荣根学校结合本校实际，以文化发展为宗旨，以校本创新为主题，从教师专业发展需求的多元化出发，充分利用校内外教育资源，立足学校实际，积极探索教师校本培训的有效形式和途径，不断总结出了一套独有的行之有效的教师继续教育校本培训方式，并取得良好成效。

一、理念引领 机制创新 资源整合 措施到位

1. 清晰明确的培训理念是引领校本培训的前提

培训是动力，是活力，是福利。我校高度重视校本培训工作，牢固树立"校长是校本培训第一责任人"的意识，确立了学校校本培训的方针与策略。学校把教师实践智慧、教学艺术、教学技能、专业技能、过程方法、教学理论、职业行为规范、职业幸福感等作为培训的主要内容，把资源、形式、方法过程的整合作为学校校本培训的主要途径，成立了由学校行政人员、各科组长、各年级学科备课组组长组成的校本培训领导小组，具体指导和落实各项培训计划和任务。这是搞好校本培训的第一要务。

2. 健全完善的管理制度是落实校本培训的保障

我校建立健全了校本培训的考核奖惩与管理制度。严格校本培训的过程管理，对于每次教研组活动和专题培训，做到"五定三有"（"五定"即定时间、定任务、定人员、定主题、定中心发言人；"三有"即有计划、有总结、有反馈），人人参与，并将教师的培训结果与年度考核、评优及职称评定挂钩。这是搞好校本培训的保障。

3. 与时俱进的人本关注是优化校本培训的源泉

高效的工作质量与生活质量是以高质量的生命价值取向为前提的，高尚的师德、浓厚的教育工作幸福感、正确的生命质量观是现代教师需要养成的重要的教育生命元素。基于这样的培训视角，我们在教师培训中坚持倡导"让生命在教育工作中闪光"，倡导每一个教师做"四种人"，即学习型人、发展型人、奉献型人、幸福型人。

学校大力开展深入学习实践科学发展观活动、"先进性"教育活动和"十坚持十不准"等师德师风建设活动，有陶冶身心的"红色之旅"，有发人深省的实践调研和公益活动，有感人至深的英模报告会，有相互启迪的论坛及座谈会，有各种形式的报告会、读书会等，各项活动形式多样，内容丰富，教师参与率高达100%；适时开展荣根讲堂，如以"提高生命质量"为专题的系列讲座；组织了教职工篮球俱乐部、交谊舞协会、太极拳协会、书法协会等业余群众性组织，经常开展活动，引导教师调节生活节奏，释放压力，陶冶性情，增强体质，丰富生活。

4. 充足完备的培训资源是夯实校本培训的依托

完善的教学设备设施为学校开展校本培训提供了优良的学习环境，尤其是信息技术学习环境。设备先进、功能齐全、资源丰富的校园网为教师利用网络资源提供了便利，校园网已成为师生信息交流、共同成长的重要平台。学校每学年还筹措资金，不断地购进新书，并长期征订有关教师成长的期刊，为每个学科教研组征订业务杂志，这些都为校本培训创造了良好的环境和条件。

5. 落实到位的培训经费是校本培训成功的保障

学校不断加大对校本培训工作的经费投入。学校每年都会对教育教学科研和课题研究实验给予一定的经费支持。学期末，根据《荣根学校课题管理办法》对各课题组进行全面系统地考核，并给予奖励。鼓励加奖励使得培训工作扎实、有效。仅教师综合素质大赛一项，学校下发奖金就达3万元之多。

二、形式多样　方法独特　全员参与　过程扎实

创立"组结式"教师培训新模式。经过多年探索，学校在开展"雁领

式""多元式""教练式""阵地式""检阅式"等校本培训形式的基础上，探索出了富有荣根特色的新型校本培训方式——"组结式"校本培训。

"组结式"校本培训是以专家引领、专题研究、合作学习、联动互助等为基本策略，以学校"小连环"教学研究为重要平台，对我校全体教师进行全面、全程、高效、个别与普适相结合、专题与通识相结合的培训，旨在促进每一个教师获得充分的个性化的专业成长。"组结式"校本培训模式涵盖了教师培训的资源、策略与方式的合理运用与组合。

"组结式"校本培训包括如下做法。

1. 雁领式——提升教师专业水平的快捷之路

雁领式校本培训是以"小连环"教学研究活动为平台来开展的。犹如雁群的行动方式一样，大家轮流做领头雁，围绕着一个目标展开，引领全队比肩奋进，旨在整合集体智慧和力量，践行新课改理念，不断提高教师课堂教学素养与水平。

"小连环"教学研究是以一个年级的学科备课小组为单位，以所教教材为内容，以普通课堂教学为阵地，以教学中的基本问题为课题，采用"专家引领，同伴合作，研修一体，连环跟进"的办法实施校本教研的一种研究方式。目前，我校已开展了十三轮"小连环"教学研究活动，共上研究课1500节，开评议会1500多次，写出总结630多份，自拍录像课200多节，为教师提供了一个交流、合作、成长的平台，形成了浓厚的群众性教科研氛围。

2. 多元式——提升教师教育生命质量的多彩之路

关注生命质量、提升职业幸福指数是人们的共同愿景。对教师来说，拥有职业幸福感和较高的生命质量意识，就能全身心地投入到教育生命之中，这是"多元式"校本培训的重要关注点。"多元式"校本培训主要有"沙龙式""讨论式""风暴式"三种。

（1）沙龙式

① 以"读书沙龙"为主要形式开展"读经典，悟人生"校本培训活动，引领教师提升对生命意义和教育生命的价值认识。

② 以"绿荫沙龙"形式开展教师心理辅导校本培训，共同营造有利于教师心理健康成长的氛围。

③ 以"英语沙龙"形式开展教师应用英语的校本培训，提高教师素质，营造学校"双语"氛围，以适应现代社会交流的需要。

（2）讨论式。我校采用的以"讨论式"进行课题研究的校本培训，是一种互助式培训。它是在课题研究的不同阶段，以会议讨论的形式交流、分享和学习开展研究活动中必须掌握和使用的理论思想、研究方法、工具、过程和资料等，以便研究者深入课题研究之中，真正学会课题研究，并成长为研究型教师。

（3）风暴式。"风暴式"校本培训是一种集中式培训方式，就是通过名家讲座、外出学习培训等形式，提高教师文化水平和科研能力。这种时间短、容量大的学习，非常有助于教师观念碰撞，变革教育教学方式。

3. 教练式——提升新教师专业技能的有效之路

"教练式"校本培训主要针对新教师，培训周期为三个月，培训的方法以跟踪指导为主，既有结对师傅一帮一的传帮带，又有驻校专家的现场指导，培训的方式以结合教学实际工作的校本培训为主。其间，培训中的"五个一"活动，即完成好一节课的教学设计、上好一节课、写好一份教学反思、听评好一节课、做好一个教学案例分析，能促使青年教师在磨炼中积累经验，在实践中丰富智慧，在历练中发展专业。

4. 阵地式——提升教师课堂教学效益的成功之路

"阵地式"校本培训是以课堂教学为阵地，充分发挥其教育教学主渠道职能作用，广泛开展"五课"研究活动，即优质课、公开课、验收课、常态课、推门课，督导教师立足于自主研究、独立探讨、合作交流，努力提高课堂教学效益，促进自身专业发展的培训方式。

"阵地式"校本培训成就了课堂，也成就了教师，使课堂教学质量得以不断提升，使我校教师在各级各类教学比赛中屡屡夺冠，载誉而归。

5. 检阅式——提升教师自我展示能力的拼搏之路

为了检阅教师校本培训的成果，近年来，我校多次组织全体教师举行大型比赛，如"荣根教师课堂教学比赛""荣根教师综合素质比赛"等，并做到每次大赛有策划、有方案、有实施、有奖励、有总结。实践证明，教师比赛既是教师自我展示，又是学校集体检阅，更是极具竞争力的集中培训，能促使教师相互观摩、相互交流、相互学习、共同提高，不断增强校本培训、岗位成才的专业发展意识，焕发极大的热情与活力。

三、两点认识

1. 校本培训的本质就是让教师学会在研究中工作，在工作中研究；在研究中进步，在进步中成长

"组结式"校本培训极大地改变了教师的教育价值观念，使全体教师能够快速紧跟新课改的步伐，对加快课程改革节奏，变革教师的教学行为和学生的学习方式等方面起到了有效作用。同时，也实现了教师在教育行动中成长，走专业化发展之路的目标。

校本培训收获的不仅是教学过程和行为方式的转变，也收获了许多的思想与体会。学校先后出版了8期《荣根教研》，累计520篇文章，共180余万字。师生在各级各项比赛中屡获大奖。近两年，共获奖1100多人次，其中国家级270人次，省级160人次，市级237人次，区级449人次。

2. 校本培训的目标就是让教师的教育生命质量得以提升，让教师教育力量彰显新的活力

没有教师生命质量的提升，就很难有学校教育质量的提升；没有教师精神的解放，就很难有学生精神的放飞；没有教师的教育创造，就很难有学生的创新精神培养。总之，教育是一个使教育者和受教育者都变得更完善的职业，而且，只有当教育者自觉地完善自我，才更有利于学生的成长与发展。

由此可见，校本培训是一项长期而艰苦的基础性工作，我们将从实际出发，继续在校本培训的方式和途径上寻找出路，立足校本、立足岗位，在工作中学习，在工作中培训，在工作中成长，继续倡导教师做学习型人、发展型人、幸福型人和奉献型人。请相信，只要坚持不懈就一定能取得好成绩。

互动式网络研修的探索与实践

一、研修背景和意义

1. 研修背景

现代信息技术的飞速发展和新课程改革的深入实施，给我们的教学活动带来了全新的理念和方式，促使教师的培训活动方式也跟着发生变化。为此，荣根学校确立了"以网络互动研修为抓手，打造一流教师团队，创建荣根品牌教育"的培训研修目标，依托省校本培训网络、宝安区教育局网络云平台和荣根校园网等网络资源，以网络教研为突破点，以教学案例研究为载体，以教学行为反思为核心，积极探索网络环境下实施教师互动培训的有效措施与途径，积极营造良好的教师培训氛围，激发教师的参与热情，开创学校教师培训研修的新局面。

2. 研修意义

（1）创新教师培训平台，拓展互学共进空间

利用互联网上传资源，实现资源共享，能及时地与全省乃至全国的兄弟院校互动研讨，让教师之间、学校之间、区域之间互学共进，开阔教师视野，使教师快速成长。

（2）加强信息技术应用，提高教师职业能力

网络互动研修模式能促使教师充分运用电脑，学习并掌握现代信息技术，促使教师在提高职业能力的同时提高自己的信息技术应用能力。

（3）借助网络教学研修，优化本职工作

网络互动研修模式能有效地把教师的教育培训与学校常态工作结合起来，通过教学资源共享和互动交流，教师可以学习、浏览更多的教育信息，在资源交互中，获得来自不同地方、不同维度的思维启发。

二、研修途径

1. 网络视频课

网络视频课是网络互动研修的最好形式。网络视频能及时提供最新的名师专家讲课视频，引导教师进行高效全面的理论和技巧学习。教研员安排的教学活动、异地多校的同主题教研活动，都可以在网络视频上进行。这种通过网络实施的跨时空教师培训活动，既节省了许多时间，避免了教师们的奔波之苦，又及时、快捷、高效，使不同学校的教师都能享受到优质的教师培训资源。

网络视频直观、方便、适用性强，能给来自全国各地的教师提供交流探讨的平台。在视频教师培训主讲课堂活动中，我校教师通过在线反复观看、选段观看、定格研讨，仔细研究其中的教学细节，更为细致地分析教学实践行为，从而使自身的课堂教学走向精致化。

2. 微课分析

作为一种新型教学资源，微课问题聚集，主题突出，适用于教师研修时观摩、评课、反思和研究。微课选取的教学内容一般要求主题突出、指向明确、相对完整。它以教学视频片段为主线"统整"教学设计（包括教案或学案），课堂教学时使用到的多媒体素材和课件、教师课后的教学反思、学生的反馈意见及学科专家的文字点评等相关教学资源，构成了一个主题鲜明、类型多样、结构紧凑的"主题单元资源包"，营造了一个真实的"微教学资源环境"。广大教师在这种真实的、具体的、典型案例化的教与学情境中可易于实现"隐性知识""默会知识"等高阶思维能力的学习，并实现教学观念、技能、风格的模仿、迁移和提升，从而迅速提高教师的课堂教学水平，促进教师的专业成长。就学校教育而言，微课不仅成为教师培训的重要教育资源，而且也构成了学校教育教学模式改革的基础。

通过微课分析学习活动，我校教师从细节中，从解决问题的过程中去追问和思考、去发现和生成、去研究和变革，把自己从教育教学的执行者变为课程的研究者和开发者；在可为的、有趣的，甚至简单的研究中享受教育的乐趣和成长，在享受中不知不觉地改变自己的行为方式。尤为重要的是，借助微课分析，激发了教师的创作热情，为教师研修提供一个现实平台，让教师成为教育生命成长的主体，而不是简单重复的被动体。

3. 个人教学网站

教师的个人教学网站是指我校教师创建的为教与学服务的个人网站，它是我校教师管理教学资源、对外交流共享、进行网络教学探究及师生互动的平台。近年来，我校的教师个人教学网站发展速度惊人，越来越多的教师开始建立自己的个人教学网站，逐步改善了教师研修成长的环境。教师个人教学网站的存在意义，就是在探究新课改精神的进程中，发挥基于网络环境的学习和教研平台的合作性、探究性、自主性等特点，直接面向学生和其他教师，拓展服务对象在认识空间上的深度与广度。

近年来，我校为进一步拓展教师网络互动研修空间，加强教师培训力度，开展了荣根教师个人教学网站创建活动，通过专家指引、组织学习，把个人教学网站的建设落实到我校每一个教职人员的身上，并且借助一系列考核和鼓励措施，让教师更深入地进行个人网站的建设。在个人教学网站研修过程中，教师能有效、及时地将每日教学中的所思所悟反馈到个人网站上，组织更多的教师参与到相关教育教学问题的交流讨论中来。

此外，我校还将教师个人网站运用到日常课堂教学中来，引导教师在教学网站上进行个人知识管理，包括工作体会、教研反思等，同时开展网上教师集体备课活动，以便加强教师间的知识交流和资源共享。

4. 区教育局网络云平台

宝安区教育局网络云平台作为本地教师研修的资源库，打破了孤立数字校园的建设模式，建立起了宝安区教育综合云服务中心，统一为教育管理机构、教育科研机构、各类基础教育学校提供综合性云服务。

借助区教育局网络云平台，我校教师能快速收集并运用区域各类教学资源，同时实现自身资源的储存和共享，强化了各校乃至各个教师的研修交流联系，避免了以往常见的教育教学资源散乱与单薄的局面。我校教师在日常教学研修中，通过区教育局网络云平台，及时地学习和掌握了最新、最全面的教研学习资源，大大降低了研修工作的负担。

5. 校园网

我校配有足够的教学、办公用计算机及各类办公外设，实现了教育、教学、管理及后勤服务为一体的网络管理系统，并建立了校园网站。

校园网作为我校办公、教学、科研、开发的重要网络平台，起到了非常重要的作用，在我校教师网络互动研修中主要提供下列服务：

（1）网页浏览服务。学校建立了自己的Web站点，作为学校对外开放的重要窗口，不仅可在校内外了解学校的重要信息，而且还可通过专门网站实现集团化信息交流、网上参观学习等功能。

（2）文件传输服务。在校园网中建立学校自身的FTP服务器，为教学和管理提供数据交换空间，为教师提供学习资源存储空间，为校园网用户提供常用软件、教学资源的下载等服务。

（3）其他附加服务。诸如基于校园网的办公平台、教学平台、管理平台等，我校实现了教学资源的及时收发，统一管理，有助于进一步地提高教师研修工作的效率。

6. 个人微博

微博是一个基于用户关系的信息分享、传播以及获取平台。为了更好地推进我校教师网络互动研修工作，提高教师自身的教研能力，我校全体教师根据各自的实际情况，申请注册个人微博账号进行每天教育教学工作的反馈。在个人微博上，教师可自由地随时随地发表自己的教育教学心得，展示教学教研成果，开展对话交流，也可通过微博学习全校乃至全国其他优秀教师关于教学管理、教学心得、教学反思等的内容。

此外，我校的主要领导和骨干教师在个人微博的建设上充分发挥了带头示范作用，定期总结先进的教学管理经验，不断充实个人微博，为更多的教师提供研修教学帮助，引领和推动了我校教师的借鉴学习和自我反思活动。

三、研修方法

1. 确立"五定三有"研修流程

所谓"五定"就是定主题、定时间、定计划、定重点、定目标；"三有"就是有讨论、有反思、有案例。在我校领导的统筹安排下，学校各教研组自行策划各组的"五定三有"，同时将这一观念灌输给每一个教师，引导教师协调配合学校的大纲领和主脉络，有个性、有技巧地开展自身的网络互动研修工作，将自身的优势与特色融入学校的教师培训工作中，借助省校本网络研修，创建教师研修交流与资源共享的平台，进而开创出双向性、互动性与二阶性的"学问模型"。

2. 养成网络研修习惯

借助省校本培训网络研修网，我校开展了教师互动研修活动，教师们参与网络教师培训的积极性空前高涨，养成了按时观看、学习教学视频，上网浏览博客，回复留言的习惯，这不仅提高了我校教师运用现代化信息技术的能力，而且提高了教师教学教研的水平，既促进了教师的共同提高，又促进了学校的均衡发展。

3. 建立互动研修框架

学校教师互动研修框架基本形成。

在校领导的高度重视下，在教师们的共同努力下，我校教师网络互动研修的基本框架已经形成，相关的制度日趋成熟。每一次我校选派教师外出学习，他们都会及时地将教学案例、教学疑难问题提交到博客上，进行实时的网络交流、网络答疑，同行之间互相切磋，达到了预期效果。每次上完公开课、研讨课，教师们都会展开讨论，许多教师将自己的观点、疑问和课堂评析发布到微博上，让大家进行点评，许多专家、同行互相评价，交流观点，教师在交流中取人之长，补己之短，学会反思、借鉴并获得启发。经过专家的引领和点拨，许多教师提高了自身批判性分析与吸收反馈信息的能力，可谓受益匪浅。

在网络互动研修过程中，我校教师充分结合网络教研和具体实践，把每一天的教学思考及时反馈到网络互动平台上，通过与各方教研者交流探讨，拓展了问题分析的维度，并且更进一步地深化了教师自身的反思剖析，在整合来自网络各类互动研修平台资源的基础上，逐步学习他人的先进理念，完善自身的不足，最终实现教师专业能力的提高和教育理念的更新。

四、研修成效

1. 网络互动研修提高了校本教研的实效性

网络互动研修跨越了时间和空间的距离，使我校教师能够得以与同行、能手、精英、专家在线交流、探讨，结合新课程标准的实施，促进了学校各学科教学的研究，改变了教师默默无闻、凭个体的教学经验进行教学的状态，实现了信息传递快捷、资源共享、共同提高的目的。近年来，我校教师在网上发帖数量众多，有效地促进了我校的校本教研，使教师的综合能力得到了真正的提高。

2. 网络互动研修促进了单纯、简单教书型教师向学习、研究型教师的转变

通过个人网站和微博上的课例、反思、教学设计和论文，我们的教师不但在学习，更重要的是去反思、去研究，并不断地在自己的教学实践中加以验证，加快提高教学水平的步伐。广大教师通过取长补短，改革了"满堂灌"的课堂教学模式，注重了培养学生的创新意识及实践能力，逐步开展了学本课堂。教师建立了自己的博客，在博客中发表教学反思，与同行共同探讨，及时记录自己的一些教学心得，既便于保存，也为写论文打下一定的基础。同时，记录一些学校的日常生活琐事以及班级的管理困惑，也能让家长和更多的同行提供有效的帮助。通过这些，为教师的快速成长奠定了基础。

构建网络"学问模型"　落实"五定三有"机制

　　传统的教师培训模式往往让教师的专业发展仅仅依靠于从自己过往的经验中学习。从自身的经验中学习的确是一种有一定成效的学习方式。然而，仅仅通过自我反思、分析和对话来实现专业的发展是远远不够的，教师的学习方式必须转化成二阶模型，即学问模型。什么是学问模型？它是人们创造出来的有组织的互相学习的方式。我们的工作经验之谈，哪怕是尴尬的失误，若能引起同行的关注，一阶模型就自然而然转化成了二阶模型。这些二阶模型可以是案例、教师成长故事、各种各样的影音材料等。因此，我们需要分享智慧，需要站在巨人的肩膀上成长，我们需要构建"学问模型"。这就意味着我们需要这样一个平台，每位教师贡献小小的力量，决不隐瞒错误，也不独享喜乐，将错误与惊喜都公之于众，并且欢迎同行的审视和评价，让所有人都在相互的展示交流中取得共同的专业进步。

　　省校本培训网络研修网为我们搭建了构建"学问模型"的平台。我们在这一平台上研修已有两个多月，从各校研修的情况来看不是很理想，尤其是各个学校的活动简报过少，有些学校的活动简报到目前为止几乎为零，各教研组上传的相关资料也是少之甚少，网络研修的氛围不浓，不少教师注册后很少登录研修平台进行研修学习。省项目办给各个学校以及广大教师搭建的网络研修的平台没有发挥其应有的作用。我想，这与我们大家对这种全新的培训模式认识不足是分不开的。

　　基于此，为了让各个学校能有效地进行校本培训网络研修的学习，在此，我与大家简要谈论如下三个问题。

一、为什么我们线下开展的活动要放在网上

　　很多学校的校本培训活动开展得有声有色，教师们线下的教研兴致高，教

研成果丰硕，为什么还要在网上研修？为什么学校开展了的教研活动要放在网上呢？

1. 创新教师培训平台，拓展互学共进空间

我们线下开展的活动要放在网上，这是教师培训改革的需要。互联网成就了马云，互联网也照样给我们的教师培训提供了广阔的新天地。我们把资源传到网上，可以与全省乃至全国的兄弟学校互动研讨，让学校之间、区域之间能够互学共进，让教师开阔视野，快速成长。

2. 加强信息技术应用，提高教师职业能力

把教师的信息技术应用能力的提升与教师的培训相结合。联合国教科文组织指出，不懂信息技术的人将成为21世纪的新文盲。网络研修能让教师在提高职业能力的同时提高自己的信息技术应用能力。

3. 借助网上教学研修，优化本职常态工作

把教师培训与学校的常态工作相结合。把学校的活动资源上传至网络，这样方便教师上网浏览活动情况，畅所欲言，也让参与网上活动成为一种自觉。在完成常态工作的同时，教师接收到的是来自本校教师以及其他各地各校的教师对该活动的见解，有利于启发教师的思考。要完成相关的常态工作，教师还可以借助研修平台，参考其他学校的相关活动经验，借鉴他山之石。

二、把日常开展的活动放在网上有何作用

把日常开展的活动放在网上，让教师参与活动，可以实现校本培训网络研修中的几个关键转变。

1. 变主题式、任务式为常态式

传统的培训模式让教师们的学习很被动，效果甚微。上传资源可以实现资源共享，让教师们不断学习。教师可以随时在网上查阅到全国各地的学校以及教师们上传的教育教学资源。这个平台可以说是教师随身携带的一个资源库，要想寻找有关的教学资源在研修网中就可以很容易找到并下载使用。因此，这个培训网将永远是教师们的学习平台，教师们学习的方式也就自然成为一种常态式。

2. 变专家供给为基层需求

由于时空的限制，传统的培训以听取专家的专题讲座居多，而网络研修不受时空的限制，教师学习研修的资源既有专家的理论讲座，又有一线优秀教师的课堂演绎与诠释，更有各个学校的实际操作体验，理论与实践有机结合，更能满足一线教师的需求。

3. 变个体学习为团队学习

传统的教师培训引发的是个体的思考，教师的学习往往是单打独斗，所得有限。而我们在网上实现了资源共享，把各个学校的特色活动项目、教师的特色课堂资源等上传，实现网络共享，我们共同研习，思维与智慧彼此碰撞，每个教师身后其实站着很多名校名师，强大的团队力量往往能成就每一个优秀的个体。

三、目前存在问题的解决方案和四点希望

1. 存在的问题及解决方案

（1）网址比较长，看上去比较复杂，有些教师可能没有及时收藏，或者更换一台电脑就无法找到网址。其实很简单，在百度中输入"省校本培训网络研修"这些关键字就能找到我们的学习平台。

（2）以相应的身份登录平台后，我们发现各种学习任务一目了然，一一点击进入，利用时间学习即可。这里要提醒大家，提交研修作业的时候要看清提示，比如交的作业是《学生心目中的好老师》，平台要求是"好老师"字样，就需要把文件名改为"好老师"再上传，这样系统才能检测到你交了该项作业。有些教师纳闷，明明提交了作业，但系统没有给分，可能就是没有按平台要求去操作才造成的。

2. 提出四点希望

（1）要正确对待校本网络研修。不管工作有多忙，学习有多难，我们都要高度重视校本培训网络研修。

（2）争做网络研修的排头兵。我们都是校本培训示范校，我们有实力更有信心做好网络研修的排头兵。学校管理员要督促好各教研组长，让教研组长把学校的教研活动等从线下转移到线上，带动所有教师积极参加网络研修。

（3）要顺应时代发展的要求。在大数据时代来临之际，在信息大爆炸的年代，让我们所有教育工作者能顺应时代发展要求，利用省项目办给我们搭建的平台，在网络研修中尽情冲浪遨游。

（4）要做到"五定三有"。世界上最怕的就是"认真"二字。任何事情，一旦认真了就没有做不好的。校本培训工作不论是对学校还是对个人，只要做到"五定三有"就一定能做好。各教研组要有各教研组的"五定三有"，个人要有个人的"五定三有"。教师个人的"五定三有"要与学校的相融合，同时也要有所侧重，要有个性特征，有特点特色，取其优势，瞄准发展方向。

总之，我们要好好利用省校本网络研修网这个平台，构建网络"学问模型"，落实"五定三有"机制。我们都要明确自己的职业发展方向，潜心研修，实现自己的教育梦、人生梦。只要我们真正潜心网络研修，定能早日收获"喜看稻菽千重浪，静听幼竹拔节声"的培训硕果。

第五篇

学生发展

培养关键能力 激发核心能量

中国传统文化中，流传着这样一句话："一命，二运，三风水，四品德，五读书。"这句话的意思是说，一个人一生的命运，也就是一个人生活得怎么样，生命价值如何，靠的是他这一生的运气，也就是对机会、机遇的把握。常言说，智者创造机遇，强者抓住机遇，弱者放弃机遇，愚者不见机遇。是否能抓住和把握住机遇，关键是看你的风水如何。何为风水？风水就是关系，即人与自然、人与人、个人自身的和谐与相互的关系，能很好地顺应自然发展，恰当处理工作关系、人际关系和家庭成员、同事、朋友、上下级定向关系，能正确认识自我，心身健康，心态阳光，能顺应天地、人事的发展规律。而风水如何，关键是看个人的品德如何。那么何为品德呢？品德就是一个人的爱心、责任心、视野、学识、性格、特点特长，处理各种关系的智慧、个人修养等。而品德靠学习、读书、体验、修炼、感悟、个人能力来加强。

如果把这句话从后往前讲，则说明了读书的本质及发展的预测、方向和结果。

在中华文化中，还有一种崇拜文化，即"天地君亲师"，把师排在敬仰的神位之中，这说明中华文化是崇师、崇文、崇礼、崇智慧、崇文明的文化。

简单地将这两句话相结合，不难得出结论：学校教育、读书学习、老师教导是一个人健康成长、成功发展的开端和基础。

民俗文化中还有一句话，即"三岁看大，八岁看老"，也就是说，一个人小的时候所形成的习惯和品德对其一生都有重大影响。

纵观人类历史的发展，这些说法是可以得到历史验证的。

基于以上对中华传统文化的认识与理解，我们多年来一直苦苦寻求一个人在儿童和少年时代所要培养和具备的能在今后一生中发挥持续作用的习惯、能力、体验、智慧，并寻求其培养方式和方法，试图建立一套完整的、科学的、有效的培养机制和模式。

终于，我们接触到了目前正在高等学校深入研究并推行的"职业核心能力研究"课题。经过申请，我校幸运地成为全国第一所也是目前唯一一所在中小学开展该项研究的学校，全校51位教师经培训和考核被国家人力资源和社会保障部全国核心职业能力培训认证中心评为"职业核心能力测评师"。我校被全国人力资源和社会保障部授予"全国职业核心能力示范培训试点单位"，被教育部人文社会科学研究规划基金项目"职业核心能力培养研究"总课题组授予子课题研究单位。学校的教育教学方向和方针因此也走上更现代、更科学、更具有教育本质和教育内涵的道路。本学年，我校的"力行爱与责任，激发核心能量，构建学本课堂，共建幸福校园"的发展思路就是基于这样的背景而提出的。

时代的发展把教育也推向了前所未有的高度，教育必须顺应时代的发展，并引领时代的发展趋势，因此，学校在教育发展方向、模式途径、方法、机制等方面必须要认清形势、找准位置、科学有效、扎实推进。

我们在教学中提出的"构建学本课堂"也是立足教学改革的前沿和本质内涵，让学校教育的主阵地能真正起到对核心能力的培养作用，让学习化课堂成为学习能力的培养源和体验场。在德育工作方面我们紧紧把握住"爱与责任"的核心概念并逐步推进。美国等教育发达国家提出，未来人才应具备五个方面的能力，即"有爱心、讲规则、敢冒险、知识广、会反思"，所以"爱与责任"是首要的核心能力。

一年来，在正确的发展思路、发展方针引导下，学校的教育教学面貌逐步发生根本性的转变，教师的教育教学行为、方式、理念、方法、途径也都在不断地潜移默化地改变，学生的习惯和能力在教师发生变化的同时发生着变化，学校的社会声誉也发生着变化，认可和向往成了家长的选择。

荣根学校先后被评为"全国校园影视教育研究实验学校""全国优秀家长学校实验基地""广东省书香校园""深圳市阳光体育先进学校""深圳市学校卫生先进单位""宝安区健康促进学校""宝安区德育绩效先进学校""宝安区尊师重教先进单位""宝安区艺术团队工作先进单位""宝安区公民办中

小学结对帮扶考核优秀单位"等。

　　教育就像是一座永无顶点的高峰，只有不断攀登，不断上升，才有可能看到从未见过的风景。

学校文化伴我行

度过了愉快的假期，我们又满怀激情开始新的一年的学习、生活和工作。

本学期，学校的工作思路已经确定，那就是：传承历史文化，培育现代品质，实施生态教育，建设未来学校。

所谓传承历史文化，就是要传承西湾小学百年的学校文化，同时传承中华民族五千年的华夏文化。

2018年将迎来西湾小学建校123周年。百年来，西湾人勤勤恳恳，兢兢业业，积淀、倡导、提炼和融会了"和睦相处，和衷共济，和而不同，和谐发展"的西湾"和德文化"；百年来，西湾人追求"人文为魂，人伦是根，人性唯美""和德做人，和雅处事，和谐共生"的西湾品质，这些都是我们需要传承和发扬的。其实，西湾人的"和德文化"，说到底也是中华民族的传统文化。华夏儿女讲究礼仪，中华文化是世界文化史上最丰富、最古老的文化。

西湾小学担负着传授中华文明和世界科学知识的重任，为民族培养和造就一代代建设者和接班人的重任，这其中最重要或者说最根本的任务就是培育民族精神，传承中华文明，提升人的人性，做文化的源泉和传授基地。所以，我们在西湾小学建校123周年之际，重拾西湾人的百年期望，传承和发扬百年来一代又一代西湾人的梦想和精神。

传承的目的也是为了弘扬和发展。随着社会的发展，当今世界已经是信息时代和追求人性完美的时代，所以我们要以时代发展为路径，走在时代的前沿。为此，我们要不断修炼自己，以让我们将来能在社会的洪流中始终立于不败之地。这就需要我们拥有现代人的品质和气质。那么我们应该从哪里做起呢？最基本的做法就是以我们的校训为训，从生活的点点滴滴做起。

（1）自主。要活得精彩，敢做敢当，微笑面对世界，适应时代发展需要，积极参与社会发展。

（2）扬善。要学会谦让，懂得感恩，乐于帮助别人，学会欣赏他人。

（3）慎独。注意修炼自身，注重个人操守，不违规，守纪律，有抱负，有理想，学会控制自我。

（4）躬行。要勤奋努力，持之以恒，从小事做起，勿以恶小而为之，勿以善小而不为，敢于实践、创新。

微笑，感恩，勤奋，守纪律等，现代人的品质有很多，我们就从培养这些优秀品质做起。

明道立德　知行合一

——国旗下讲话

度过了快乐、丰富多彩的暑假生活，我们又高高兴兴地开启了新学年的旅程。在这里，首先，要向一年级的新同学表示欢迎，欢迎你们成为西湾新学子。其次，向二至六年级的同学们表示祝贺，祝贺你们升入了高一年级，向人生的又一个新目标迈进。最后，还要向加入西湾的新老师表示最热诚的欢迎。

新学年的帷幕已经拉开，本学年度我校的发展思路是："和德文化"立校，生态思想办学，"五生"模式发展，立足未来建校。

今年是西湾小学建校123周年。建校一百多年历史的西湾小学，积淀了深厚的文化，其中"和德文化"更是深入人心。因此，学校将"和德文化"作为文化之根、立校之本、办学之魂，任何一个西湾人都要以"和德文化"作为自己的精神标识和精神追求。

"和德文化"就是"明道立德、知行合一"，就是明理至善，就是"和为贵""德天下"。就全校学生而言，其实就是要坚持做到四点，即微笑、感恩、勤奋、守纪律。

微笑就是以阳光心态和宽容之心待人，待己，待自然。把微笑送给老师，送给同学，送给家人和他人，始终以饱满的热情面对生活，面对困难，面对一切。让微笑永伴，使之成为自己最美的语言。

感恩就是要懂得感激和感谢。父母、老师、同学都是我们需要感恩的人。常言说"一日为师，终身为父"。老师是引领我们成长的人，要懂得尊重老师，尊重长辈，尊重一切给予我们帮助的人。

勤奋就是要坚持学习、坚持成长、坚守信念，努力、勤俭、拼搏、淡泊、静修等。不偷懒、不松散，永远保持向上追求，保持正能量和为社会、为民族、为学校、为老师争光、争气的热情和激情，永不放弃，永不言败！

守纪律就是要慎独、守纪、守法、守矩，不越人生红线，不给自己借口，永远以大众利益、人民利益、国家民族利益、集体利益为重，不求私利，不计个人得失，一切以大局为重，遵纪守法，立德成长。

老师们、同学们，和德做人，和雅处事，和谐共生；人文为魂，人伦是根，人性唯美。让我们在"和德文化"的引领下，把我们的学校办得更好、更美，让西湾的明天更灿烂。

督导评估

第六篇

做引领划时代发展的教育督学

——在深圳市督学培训班上的发言

教育督导，与其说是一项工作，倒不如说是对教育文化的鉴真与传播，督学就是鉴真者和传播者。常言说，"自己没有的不可能给别人"。所以，作为传播和鉴真教育文化的人，如果对教育文化的理解和积淀不深不厚，没有自己独特的视角和方法，就不可能展现你的文化教育和督导作用，也就不可能传播和发展教育新时代及为未来世界发展提供智慧资源的教育文化，包括教育方式和教育思路、教育管理、教育体系建设等。

来到浙江大学这所知名高等学府，聆听了10多场来自专家、教授的高智慧分享，参观了杭州几所知名的中小学和幼儿园，给我这个在教育战线已经摸爬滚打了30多年的"老兵"，进行了一次充电和信息聚集，同时，也进行了一次个人智慧信息资源的格式化和整理。尤其是当我在学习之余，漫步西子湖畔，静静观赏西湖十景，把个人50多年的生活经历和人生感悟融合为一时，我突然发现，原来所谓文化，就是"相由心生"；所谓教育就是艺术，是守望；所谓师者就是督学等，还有人与人、物与物等关系的价值都是由一个人的智慧去理解和标注的。而个人智慧的程度、质量、品质的不同就如同学校发展的路径和操作载体呈现出不同的色彩和标签。语文学科中常常有借景抒怀、借物寄情，就让我也借景谈学、借景谈获、借景表达我对督学工作的理解。

> 学督寻导来浙城
>
> 求是追真积本领
>
> 莫道师身早塑成
>
> 西子湖畔再出生
>
> 本来人在美景中

谁知美景点化人

苏堤春晓悟人生

曲苑风荷理念真

平湖秋月物化文

断桥残雪固责任

柳浪闻莺定课程

花港观鱼宁求静

雷峰夕照敢创新

双峰梅云师培训

南屏晚钟德树人

三潭印月口丰碑

文化冲击任为新

老骥伏枥喜黄昏

教师这个职业无比神圣，点滴意识的改变，就可能改变千百万学子的人生。

在督导中进步　在评估中发展

——在宝安区督导评估总结会上的发言

一、做好督学工作，在督导中学习，在评估中进步

教育督导是人民政府及其教育行政部门管理教育的一种行为，是依据国家的法律、法规和教育方针、政策，在遵循教育规律的前提下，对教育行政工作和学校工作进行监督和指导。督学就是执行教育督导任务，行使教育督导职权，对学校执行国家法律、法规和方针、政策进行行政监督检查、评估和指导。

作为兼职督学，近几年，我多次参与了区教育督导室组织的区中小学"等级学校"评估、"优质化学校"评估及"双优学校"评估等，通过参与督导评估，使我较多地了解到各个学校在办学理念、思路和学校管理上的不同之处；看到很多学校在学校管理、教育科研、校本培训、家长培训、学校文化、队伍建设、教师专业发展、校本教材建设、学校制度建设等方面的特色和亮点；接触了很多热爱教育、钻研教育、探索教育，极具人格魅力和人文情怀，有一定教育智慧、教育学识的好校长、好教师；在与学校的管理者、教师、家长、学生的交谈中感受到了大家对教育的期盼和追求，同时，也真正体验到了许多学校在艺术、体育、文明礼仪、养成教育、学生个性发展、家庭教育等方面的好经验、好做法、好成绩带给学生的快乐和幸福，也让我从中学到了很多的好理念、好思路、好办法。多次参与更让我对督导评估有了更深的理解，对各种教育督导的目的、意义和指标内容的要求以及为什么要开展这方面的督导，有了更加明确的了解，我觉得，这些评估，就是督促学校在新时代发展中，使学校教育能及时地紧跟时代发展的步伐，符合广大人民群众对教育的要求。所以，

作为兼职督学，这份岗位的职责是神圣的，这个岗位带给我的收获是巨大的，尤其是任职这个岗位的大多数都是学校的校长或副校长，一般情况下我们都要依照评估要求，积极迎评并通过评估。但是，往往在自己学校的迎评过程中，校长无法依据评估方案逐项去检查和落实以及分解指标，很多工作是由学校部门或教师共同完成的，而当我们以督学的身份去审查、评估、验收时，我们不仅要逐次审查、打分，而且还要对其完成情况准确把握，给出评价和反馈意见，这无形之中，让我们既系统学习了评估方案，又知道了如何去准备和完成。而且很多时候，在很多方面，不同的学校具有不同的特色与亮点，会让我们通过对比、分析、感悟和理解，把其中最具时代性、针对性、有效性、实用性的做法和想法，带到自己学校的发展与实践中去，这就极大地减少了工作中的失误，少走弯路或不走弯路，从而提高工作效率。

说心里话，这些年来，兼职督学让我从区内很多学校、校长、优秀教师那里学到很多无法在书本中学到的东西。做督学让我开阔了眼界，增长了见识，加强了交流，提升了水平，完善了自我。

二、做好督学工作，要力争做到三个明确，处理好三个关系，把握好三个标准

做好督学，完成人民政府教育督导室委派的督导评估任务是我们的职责。

1. 要做到三个明确

（1）明确督导评估的指导思想、意义和目的。通过评估督促学校认真贯彻有关方针、政策、法律、法规，端正办学方向，深化教育改革，优化教育管理，实施素质教育，全面提升教育质量。

（2）明确督导评估时的工作职责。深刻理解评估方案的各项指标要素，要做到心中有数，掌握标准，确保评估时不出差错或少出差错。

（3）明确督导评估的方法、程序、要求。要明确评估不同于其他检查和验收，检查是单方面的，评估是综合性的；验收不看过程，看结果，评估则是既看结果，更要了解其过程。因此，评估时不能走马观花，要深入内部，不但要听、要看，还要访问、座谈、测试、问卷调查、看实际操作、表演等，以便核实学校提供的材料的真实性、可靠性、可信度。

2. 要处理好三个关系

（1）处理好学校工作与督导评估工作关系。

（2）处理好督导评估中既是督学又是校长的身份关系。

（3）处理好督导评估与发展指导的关系。

3. 要把握好三个标准

（1）把握好各种督导评估的具体标准。比如等级学校评估、优质化学校评估、双优学校评估，其评估的目的、意义、指标要求是不同的，评估验收时，必须要依据各自的指标要点，分清类别、分清主次、分清要点、分别对待。

（2）把握好评估反馈的评价标准。真实、准确的评估反馈是做好督导工作的重点和核心，尤其是对学校后续发展的建议是衡量督导评估是否有价值，评估人员是否全面、确切地掌握了各方面的信息，对学校发展真正指明了方向，真正履行了督学职责的体现，是评估组全体人员教育智慧的结晶，必须要反复推敲，准确把握和表述。

（3）把握好督导评估的评分标准。以怎样的评分通过评估是受评学校比较关注的，也是各学校横向比较各方面工作的扎实程度的依据，所以，评分要平衡学校之间的差距，要做到细致、公平、真实。

在评估中要做到"三看"，看资料、看现状、看实绩；"三深入"，深入课堂中、深入师生中、深入家长中；"三避免"，避免不必要的重复活动，避免不必要的打扰活动，避免随意性、主观性。

总之，作为区人民政府教育督导室兼职督学，就应该努力完成督学的职责任务。很惭愧，我觉得自己实际上并没有履行好督学的职责，今后还要加强学习，不断努力，争取达到人民政府对兼职督学的要求。

三、做好督学工作，让教育督导成为推动宝安教育大发展的助力器和加速器

2009年10月24日，宝安区顺利通过了广东省推进教育现代化先进区督导评估，这标志着宝安教育迈上了现代化的发展道路。首先，这喜人的局面是区委区政府、区教育局的正确领导以及奋战在教育战线的全体教育工作者努力的结

果。其次，我认为，教育督导为我区的教育发展起到了重要的、不可低估的推动作用。作为兼职督学，我们应该为教育发展有今天的可喜成果而感到欣慰，为在教育发展中做出了贡献而感到自豪。毫无疑问，在今后的发展中，教育督导仍将发挥它应有的作用，所以，我们要继续做好督导工作，做好督学应尽的职责。为此，我将一如既往地坚持学习教育督导的新理论，把握教育督导的新方向、新方法，不断拓展自己的教育眼界和思想境界，在督导工作中学习，在学习中进步，并不断把从督导评估中学到的、体会到的带到学校的发展中，融入自己的教育工作中，为学校的发展开辟新途径、新领域，为全区教育的发展增砖添瓦，为实现宝安教育更上一层楼而贡献力量。

评估给力　借风远航

　　我校接受了深圳市义务教育阶段学校办学水平评估，以深圳市教科院叶文梓副院长为组长的16人评估小组为期三天半的评估，让我校2000多名教师、员工、学生、家长和参与评估问卷、访问、研讨的社区代表、学校董事会成员等对办学水平评估有了深刻的了解和认识，并对评估组在学校的目标定位、方向明确、优劣势分析、问题诊断、管理效能判断、教育教学方法科学、质量提升、理念提炼、体系课程、学生培育、特色打造等方面给予的评定、评判、评说、评估、研讨、指导、梳理、丰富、发展等方面的评估表示敬佩和认同，同时深感启迪和感谢。

　　评估前，尽管对办学水平评估的目的、意义、方法、手段、价值等进行了多次宣传、学习、理解，但是在评估过程中，评估组专家们工作细致、眼光锐利、评判准确、一针见血、高瞻远瞩，给我们留下了深刻的印象，使我们受益良多，触动很大。"司空见惯""目光短浅"是办教育的最大误区。教育需要智慧、需要责任、需要细节、需要理想、需要追求、需要反思。

　　荣根学校的学校文化有五句话，即"思考是勤奋的眼睛""成功是由目标铺设而成的""细微之处见品质""没有任何借口""借事炼心"。通过这次评估，让我们对这五句话的学校文化内涵又有了新的理解和感悟，我们要把教师、家长、社区、课程教材、管理方法、体制途径等多种教育因素和资源认真加以整合，借评估之东风，让学校迎风猛进，再上台阶，决不让教育给历史留下遗憾！

以人为本办教育 和谐发展创特色

——荣根学校办学水平评估自诊自评报告

第一部分 学校概况

一、学校发展历史

荣根学校创建于1983年，是香港爱国人士陈荣根先生捐资兴建后无偿献给国家的公办12年一贯制学校。1997年，原沙井镇委、镇政府为了重组教育资源，调整学校布局，加速推进农村学校城市化，将原沙井中心小学、荣根学校小学部、步涌小学、上星小学、民主小学以及共和小学六所小学合六为一，改制为六年制小学，作为沙井中心小学，校名继续沿用荣根学校。合并后的荣根学校发展迅速，先后被评为广东省一级学校、广东省书法名校、广东省信息技术教育示范学校、爱国基础教育全国示范学校、全国艺术教育先进单位、全国中小学校园文化建设十佳示范学校、深圳市围棋特色学校、深圳市绿色学校等，曾获得深圳市办学效益奖。

二、办学基础条件

校园占地面积约7.2万平方米，建筑面积2.2万平方米，有各种功能室51间。学校为每位教师配备了电脑，每间教室也都配置有多媒体教学平台等教学设备。1999年，学校建成了校园网。目前，学校有440多台电脑和51个教学平台。校内有标准的足球场和400米塑胶跑道，有集园林式、知识性、观赏性于一体的880平方米的生物园。各具特色的校园景观相映成趣，融会文学、书法、篆刻艺术的48幅校园楹联点缀其间，典雅、精美的70首古诗牌竖立在校道两旁，令人赏心悦目。荣根学校整个校园和谐、优美、宽敞，是教书育人的理想场所。

三、师生情况

学校现有40个教学班，在校师生共2081人。其中，学生1975人，教职工106人。一年级至四年级各有7个教学班，五、六年级各有6个教学班。六个年级由高年部和低年部分别进行管理，分处两个彼此独立的教学区。教师中有中学特级教师1人、中学高级教师1人、小学高级教师49人，有市级优秀教育工作者、优秀教师、优秀班主任5人，区级名校长、名师、学科带头人等17人。教师中大专以上学历占100%，硕士研究生、大学本科生占64%。教师队伍结构合理，专业水平高。

四、近三年获得的主要荣誉和奖项

近三年，学校获区级以上各类荣誉称号和集体奖励80多项，师生获各类奖励2000多项。其中，国家级奖励400多项，省级奖励200多项，市级奖励600多项，区级奖励1000多项。

2008年，学校被评为全国校园法制安全教育示范基地、全国中小学德育规划课题研究重点实验学校，获得全国教育系统"五·五"普法工作先进单位、深圳市依法治校示范学校、广东省书法名校等荣誉称号。

2009年，学校被评为全国信息化教育示范基地、广东省中小学校本培训示范学校和师资建设教师发展学校。

2010年，学校被评为深圳市校园文化和艺术教育特色学校。

2011年，学校被评为全国学校文化建设创新实践基地、广东省校长培训基地，校办电视台被评为全国校园百佳电视台。

五、学校发展采取的措施

为了促进发展，学校采取了一系列措施，主要概括为：实施"五精"工程，倡导做"四种人"，贯彻"五关心"，落实"五学会"，建立"四个共同体"。

"五精"是指树立精粹理念、实施精致德育、创造精品教学、落实精细管理、打造精美校园。

"四种人"是指坚持倡导"让生命在教育工作中闪光"，倡导规划职业，规划人生，让每一位教职员工逐渐成为学习型人、发展型人、奉献型人、幸福型人。

"五关心"是指坚持以"关爱他人"为核心主题开展德育工作，使学生在实践活动和体验教育中逐渐学会关心同学、关心父母、关心师长、关心学校、关心国家。

"五学会"是指让学生在学会做人、学会学习、学会生存、学会做事、学会健体上不断提升，为人生成功奠定基础。

"四个共同体"是指坚持倡导"以人育人，共同发展"的教育理念，要通过学校教育、家庭教育、社区教育以及家长学校、家长委员会、集体家访等教育活动方式，使学生、教师、家长以及学校、社区、家庭能紧密地联系在一起，结成一个建立在一定文化认识基础上的文化共同体、情感共同体、利益共同体和具有同等认识的生命价值共同体。

六、学校的"五大亮点"和"十大特色"

学校经过几十年的发展和积累，形成了"五大亮点"和"十大特色"。

（一）"五大亮点"

（1）走出了一条农村学校城市化、现代化的成功之路，被誉为"荣根模式"，即六校合并，形成规模；多元磨合，内和外顺；整合推进，和谐发展。

（2）形成了一套具有鲜明个性和时代特征的办学理念和管理理念，传承和积淀了具有学校特征的传统文化。

办学理念：办好学，让每一个学生上好学，即上好每一堂课，教好每一个学生。

发展思路：文化立校，和谐发展。

治校策略：以德立校，法情相济，学生至上，员工为本。

校训：忠于祖国，服务人类。

校风：敢于竞争，富于创新，善于协作，乐于奉献。

教风：爱生敬业，严谨求真。

学风：尊师好学，主动探索。

培养目标：培养具有现代文明意识的和谐之人。

管理要求：标准高，要求严，工作细，到位实。

价值取向：努力奋斗，顺其自然，得之淡然，失之泰然。

座右铭：对学生全面负责，为学生终生着想。

精神精髓：荣耀中华，根植自强。它主要包括"九种精神"，即永不放弃的学习精神、刻苦钻研的敬业精神、尊重他人的民主精神、勇于反省的批判精神、遵循规律的科学精神、锐意突破的创新精神、终生不悔的奉献精神、生生不息的自强精神、不断超越的开放精神。

把具有学校特征的传统文化凝练成"五句话"，即成功是由目标铺设而成的，细微之处见品质，没有任何借口，思考是勤奋的眼睛，借事炼心。

（3）开创了一套适合自己发展并卓有成效的发展模式，被誉为"八化模式"：

① 学校建设生态化。

② 设施设备现代化。

③ 教学手段信息化。

④ 内部管理科学化。

⑤ 师资培训校本化。

⑥ 教育科研系列化。

⑦ 养成教育课程化。

⑧ 艺体教育多元化。

（4）确立了一条适合学校发展的策略，即"文化立校，和谐发展"，其内容是：

① 丰富和发展"百字荣根精神"，创新思想文化。

② 构建学校的校本课程体系，创新课程文化。

③ 以"小连环"教学为载体，创新校本教研文化。

④ 建设数字化校园，创新校园网络文化。

⑤ 以"关爱他人"为核心主题，创设德育氛围，创新育人文化。

⑥ 整合环境资源，优化校园文化。

⑦ 建设"学习型组织"体系，创新学校制度文化。

⑧ 发展"内涵式发展"道路，创新学校管理文化。

⑨ 依据多元智能理论，创新学校艺体文化。

⑩ 加强对外交流，创新学校人际文化。

（5）推出了一套全面实施素质教育的新举措：

① 更新教育理念，强调教育公平。

② 改进教学方法，构建有效课堂。

③ 突出养成教育，培养学生人格。

④ 拓展艺体平台，关注个性发展。

⑤ 加强三方合作，延伸教育途径。

⑥ 强化信息技术，加快手段更新。

⑦ 创新校本教研，强化课题研究。

⑧ 加大师培力度，强调专业发展。

⑨ 探索"四育"途径，促进全面发展。

⑩ 加强国际交流，拓展国际视野。

（二）"十大特色"

1. 生态化的校园文化

荣根学校校园绿化面积高达62.8%，一年四季繁花似锦，八大景点相互辉映，特别是48幅校园楹联打造出了独具特色的校园文化精品。荣根学校被深圳市授予花园式、园林式标兵单位和深圳市校园文化特色学校等荣誉称号。

2. 校本化的教育科研

学校确定了"科研兴校，多元发展"的策略，坚持"以人为本，以更新观念为先"的教科研指导思想；坚持"以教学常规改革为基础，以学科课题实验为主导"的教科研方针；坚持"重点突破，带动全局，整体优化，以研促教"的教科研策略。特别是在新课程、新理念的引领下，探索出的校本教研新模式——"小连环"教学研究，为教师在教育行动中成长，走专业化发展之路和构建校本教研新制度提供了保障和途径。学校先后承担了国家、省、市级教育科研课题14个，出版《荣根教研》10期，教师专著3部。由海天出版社和中国文联出版社出版并在全国发行的校本教材包括《思维福特英语》《民族管弦乐合奏曲集》《诸家格言》《荣根楹联》等，使用效果和社会反馈良好。

3. 课程化的养成教育

养成教育是形成学校教育文化的基础，学校以养成教育的课程化作为突破口，把学生在校的行为习惯编写成教材《常规管理10课》，人手一册，使学生的行为习惯和道德素养在潜移默化中得到了显著的提高。

4. 多元化的艺体教育

多元化的艺体教育的特点：

（1）普及面广。全校1900多名学生都参加了不同程度的艺体实践活动。

（2）水平高。学校成立了校艺体队和银帆艺术团，设有田径、篮球、乒乓球、武术、围棋、民乐、管乐、舞蹈、合唱、摄影、书法、绘画、篆刻等十几个校代表团队。

学校的艺体教育硕果累累，成绩骄人，艺术队多次到北京、香港演出；书法队经常包揽各类比赛一等奖；学校的围棋普及教育，特色明显，其比赛成绩填补了市、区多项空白。

5. 实用型的信息技术教育

1998年建设第一期校园网时，学校就把运用现代教育技术，实施多媒体教学，实现教育信息化作为学校的发展方向之一。学校已被省、市、区评为信息技术实验校和示范校，并成为全国信息技术教育理事单位。

6. 人本化的办学理念

学校秉持对学生全面负责，为学生终生着想，弘扬个性，发展特长，关心人，发展人的办学理念，广泛开展体卫艺工作，不断拓展学生发展空间，促进学生全面发展。学校特别提出要坚持开放教育，探索"四育"途径，培育精神，训练人格，强调个性，全面发展。

7. 专业化的师资队伍

学校着力打造一支与时俱进、卓越发展的师资队伍，强调和引导全体教师在研究状态下工作，在工作状态下研究，在教育行动中成长，在职业岗位上成才，走专业化的发展之路。近两年，各学科教师共上研究课达1200多节，开评课会1100多次，写总结800多份，自拍录像课600多节。

8. 科学化的管理体制

荣根学校构建了"四·三"管理模式，即"校级—处级—年级"三级负责制的层级网络化管理体系；"全员管理、全程管理、全方位管理"的运行机制；"程序化、规范化、课程化"的管理流程；"情感管理、学习管理、自主管理"的管理方法。"四·三"管理模式具有鲜明的时代性、科学性和人文性，给学校营造了轻松、和谐的人文环境，保障学校能长期运行在有序、畅通、高效的轨道上。

9. 一体化的家校教育

学校追求优质教育，学生渴求现代家长。几年来，学校潜心家庭教育研究，执着学习型家庭培植，致力家长学校发展，用奉献的精神编织出现代家长的摇篮，开拓出家庭教育、家校联动、家校一体的一片新天地。学校连续三年被评为宝安区家庭教育宣传周活动先进单位、宝安区家庭教育工作先进单位，目前正在创建全国千所家长学校示范校。

10. 服务型的健康教育

学校把学生的身心健康作为全面关爱学生健康成长的重要标志，把健康教育作为服务于学生的重要窗口，不断增强服务意识，深入开展保健养成教育、心理教育、防病治病教育、生存教育。近几年，学校分别被评为深圳市口腔疾病综合防治工作先进单位，深圳市红十字会先进集体，宝安区爱国卫生先进单位，市、区眼睛保健示范校等。

第二部分 自诊自评过程

2011年，深圳市为了促进教育的发展和学校办学水平的提高，开始在全市开展办学水平评估工作。深圳市义务教育学校办学水平评估是诊断性、发展性、常态性的评估，内评与外评结合，目的是诊断服务，助力学校发展。为此，我们高度重视，深入开展自诊自评工作。

（1）学校组织全校教职工认真学习《深圳市义务教育学校办学水平评估指标体系》，仔细理解各指标内涵，对照评价内容开展自诊反思。

（2）学校召开了各科组教师、家长、学生和社区代表等座谈会，发放学生问卷2000多份，家长问卷2000多份，教师问卷100多份，社区问卷100多份，多方征询意见，收集信息，客观地做好自诊自评工作。

为了迎接评估，学校着力做好以下几个方面的工作：

（1）成立了迎评工作小组，加强对自诊自评工作的领导。

（2）召开全校教职员工"迎接办学水平评估"动员会，认真学习《深圳市义务教育阶段学校办学水平评估实施意见》及《评估指标体系》，要求每一位教师要对自己做全面客观的自诊自评，并写出自评报告。

（3）学习运用SWOT分析法，对教师自诊自评进行技术指导。

（4）广泛采集信息，认真归纳分析。工作小组组织了教师、学生座谈会，不仅向家长、学生、教师、社区发放了问卷，还对部分家长进行电访，征询社区意见；同时，在调查研究的基础上进行自我反思，自觉主动地发现问题，进行归因研究，并积极思考改进措施，以解决存在的问题。

（5）分层组织，重在诊断，求真求实，解决问题。自评工作分三个层次进行，自下而上。首先，106位教职员工按照办学水平评估指标导向，结合岗位职责进行自评。其次，在科组内部进行交流，以求问题更客观，发展措施更实际，针对性更强；然后由科组长主持，开展科组自评，重点针对常规工作和教学质量；之后组织行政各部门做学校自评，重点是学校发展规划自定目标的达成度和校本发展措施的作用效果。最后，形成学校自评报告。

第三部分　自诊自评结果

一、领导与管理

（一）基本情况

校长杨水旺，男，50岁，研究生学历，中学高级教师，省级优秀校长，宝安区名校长，宝安区名校长工作室主持人，曾担任过教育学院、技工学校、中学、小学校长职务。

副校长钟裕文，男，40岁，本科学历，小学数学高级教师，担任副校长7年，参加过宝安区校长后备干部培训班和深圳市教育系统海外培训班，并赴美培训，曾荣获市级优秀少先队大队辅导员、区级先进教育工作者和优秀教师等荣誉称号。

副校长庄丽君，女，40岁，本科学历，小学数学高级教师，担任副校长7年，参加过宝安区校长后备干部培训班，曾荣获区级先进教育工作者、优秀教师和教坛新秀等荣誉称号。

校长要树立"遵循教育的自然规律，遵循学生成长发展的自然规律，让教育为生命精彩奠基"的教育思想，以"促进每一个师生健康发展"为工作理念，追求回归教育的本真，坚决摒弃"功利教育"，把"让每一个学生都能得到健康发展"贯穿在学校教育的全过程，"追寻教育生命的支点"，倡导"让生命在教育中闪光"。

（二）主要成绩与做法

1. 领导团队

校长具有较强的领导力、亲和力、专业能力和人格魅力，以人为本，以身作则，具有较强的服务意识，有效地领导学校管理和课程教学，在师生和员工中有威信。领导班子富有教育理想与追求，职业道德高尚，社会责任感强，善于学习，思想活跃，视野开阔，勇于改革创新，善于反思进取，作风务实，执行力强，各部门沟通协作良好，运转效能显著，师生和员工满意度高。

（1）杨水旺校长提出的"办好学，让每一个学生上好学，上好每一堂课，教好每一个学生"的办学理念得到了全校师生的广泛认同，"抓好六项常规，落实八项修炼，坚持特色办学，实施智慧教育"的工作思路指导各部门的工作，对内对外的教育教学专题讲座有力地促进了教师的课堂教学。杨水旺校长注重自身学习，加强进修，近两年参加了深圳市名校长提高班和全国小学校长高级研修班，发表了6篇管理和教学类文章，出版教育专著一部。同时，他深入教学第一线，每学期听课在28节以上，具有很强的亲和力，关心教师生活，教职员工民意测评满意度达100％。

（2）学校领导班子团结、和谐，有较强的责任心，积极谋求学校的优质发展，提出建设"美丽校园、幸福校园、诗意校园、智慧校园"的目标，勇于改革创新，教师管理实施月工作考核和学年积分制度，文化建设内涵丰富，教学管理实施"目标定位，单元跟踪，两关一跟，两课一分，学期总评"等新举措，把教师的专业化发展、校本培训、课题研究及教师的教育价值观、人生观作为教师成长和课改的重点来抓；德育活动开展以"我的责任"为主题的自主管理及以"关爱他人"为核心主题的关爱教育，开辟校内外学生实践基地，使学生在实践活动、体验教育中逐渐学会"五关心"。

两位副校长同样注重学习，分别参加了市校长管理干部海外培训班及校长资格班的学习，并经常带队外出听课学习，主持省、市、区级课题研究，每年都有文章编入学校自办刊物《荣根教研》。领导班子富有教育思想，职业道德高尚，社会责任感较强。根据问卷调查显示，教职工对学校总体工作满意率和班子配备满意度均为98.1%

（3）中层管理干部9人，任教学科涉及语文、数学、心理、科学、品德等科目，行政工作分工明确，坚持每周一上午召开行政例会，布置一周工作和阶段工作，管理团队基本做到了主动围绕目标设计工作任务，做到勤服务，细检查。教职工对各部门工作态度的满意度为93.3%，工作效能满意度94.3%。管理团队结构基本合理，分工明确，沟通协作良好，运转效能尚可。

2. 理念规划

学校有明确的办学理念，能适应现代教育的发展要求，能较好地反映学校发展愿景，对学校工作具有统领性；师生对办学理念的知晓度、认可度较高。学校发展制订有规范的中长期发展规划，目标明确，措施得力，操作性强，能较好地体现素质教育的思想，符合学校发展实际，并且贯穿、落实于学校学年度与各部门的工作之中。

（1）学校确立了"办好学，让每一个学生上好学；上好每一堂课，教好每一个学生"的办学理念，师生对办学理念的知晓度、认可度分别达到99.1%和100%。学校教育坚持遵循人的发展规律和教育规律，尊重个体差异，实行智慧教育，让每一个学生都能得到较好的发展。

（2）《荣根学校'十二五'发展规划（2011—2015年）》经全校教职工讨论制定，目标明确，操作指导性强，贯穿于学校学年度与部门工作，师生员工对发展规划的认可度为98.1%。

3. 制度机制

学校内设机构配置合理，职责明确，坚持校务公开，畅通民主渠道，议事决策高效；根据现代学校管理要求和学校办学理念，不断地完善管理制度，规范执行有效率；建立了专门的档案室，档案存放齐全，查阅便利；坚持依法治校，自觉执行法律法规和政策规定，建立了安全责任制和应急机制；勤俭办学，理财规范有效能；后勤工作服务高效，师生满意度高。每学年度对学校发展规划执行情况开展师生调研，自诊自评，并应用于决策及改进。

（1）学校根据上级要求设置了办公室、德育处、教学处等内设机构，各部门职责明确，责任到人。学校坚持校务公开，制定了校务公开制度，在校园设置了校务公开栏，及时公开相关校务；坚持民主管理，重大事项教代会表决，一般事项行政会议决策；管理制度比较健全，制定了行政管理、教师管理、学生管理、后勤管理等制度，并形成汇编；档案存放在学校档案室，部门工作职责范围内的资料，由部门负责收集整理和保存，责任到人，查阅便利，如安全资料存放在综合办，校产资料存放在财务处，卫生资料存放在健康教育室等，教职工对学校校务公开满意度为97.3%。

（2）坚持依法治校，自觉执行法律法规、政策规定。学校严格按照深圳市人口管理"1＋5"文件要求办理学生入学；开齐开足课程，切实减轻学生课业负担；保护师生合法权益，无体罚和变相体罚现象，无向师生推销商品和强迫征订教辅资料等现象；建立了安全责任制和应急机制，编写《教职工安全工作手册》，每学期至少组织一次安全演练，每月至少开展一次安全专题教育，每月进行一次安全隐患的排查和整改，学校无安全责任事故发生；坚持勤俭办学，制订建设"节约型学校"方案，加强低碳教育和后勤管理，控制油墨纸张开支。后勤工作基本保证了学校工作的正常运作，设施设备维护较好，理财规范有效能，校园信息网络顺畅，教育资源基本能满足师生课程教学的需求。

校长

副校长　　　　　　　　　　副校长

德育处　　　办公室　　　教学处

少先队大队部

德育处：家长学校　广播室　一年级组　二年级组　三年级组　四年级组　五年级组　六年级组

一年级各班中队　二年级各班中队　三年级各班中队　四年级各班中队　五年级各班中队　六年级各班中队

办公室：财务室　医务室　食堂　保安室　文印室　档案室　保管室

后勤组　医务组　治安队

教学处：高年级语文教研组　低年级语文教研组　高年级数学教研组　低年级数学教研组　高年级英语教研组　低年级英语教研组　美术教研组　体育教研组　音乐教研组　电脑教研组　综合教研组

图书室　阅览室　电脑室　语音室　多功能室　实验室　科技室　美术室　体育室　音乐室　心语室

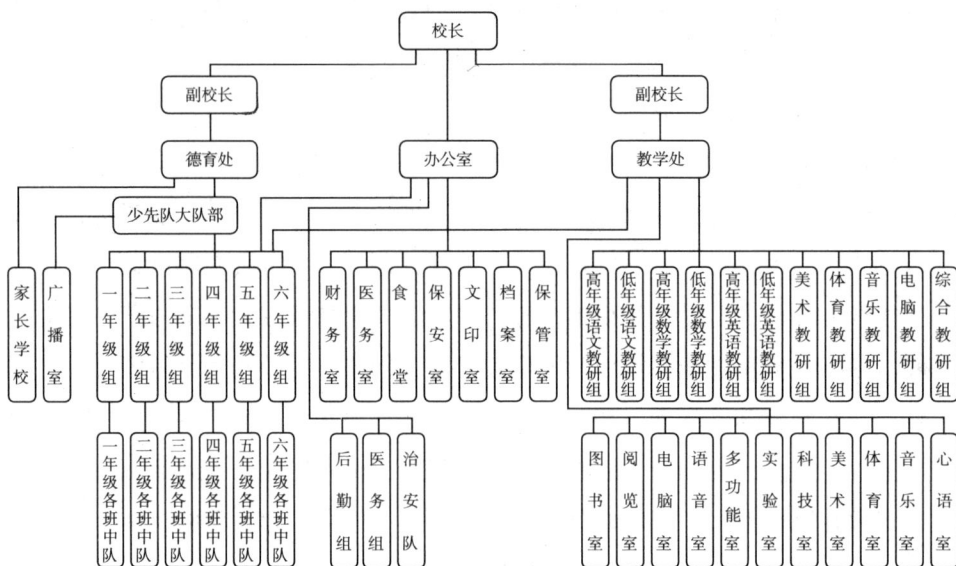

荣根学校行政机构框架图

（3）学校重视与家长、社区、相关部门互动合作。每一学年，学校都会举行一次大规模的家庭教育宣传周活动，参与活动的家长人数比例高达98%。近三年，家庭教育宣传周的主题包括"分享科研新成果，同心阅读共成长""阅读·传承·和谐""弘德崇文，和谐家园"等，家庭教育宣传周影响广泛，效果显著，既能加强家校情感沟通，又能将先进的家庭教育理念、知识、方法带给家长。开办家长学校，每学期为每个年级的学生家长安排一次家庭教育专题讲座，家长到课率为95%以上。学校每学期至少举办一次家长会，科任教师经常利用电话、校讯通等与家长交流，每个主科教师每学期与每个家长见面不少于2次；学校与社区及派出所、关工委、消防中队等的联系，每月不少于1次。家长认可的家访率为97.5%。

坚持开放办学，加强校际交流，积极开展"千校扶千校""百校帮扶""公民办学校对口帮扶"等活动，每学期邀请专家、学者、教师来校"传经送宝"5次以上；每学年举行教学开放周活动，支持教师外出培训，每年外出学习的教师达30%。学校多次与英国、美国、马来西亚、新加坡、日本等国家以及台湾、香港等地区开展友好交流，作为教育部西部教育顾问单位，与甘肃、贵州、内蒙古等省开展教育交流，江苏省、广东省、贵州省等省的校长、教师来校挂职学习。教师参加校际间交流达100％。

（4）学校各种功能室齐全，如音乐室、美术室、舞蹈室、电脑室、风雨操场等功能室的管理落实到位，开放充分，使用率较高，设施设备维护良好，曾获区教育局设施设备维护使用先进单位称号。学校校园信息网络顺畅，教育资源丰富，能满足师生课程教学的需求。学生和家长对学校环境和设施设备的满意度为99.7％。

（三）存在问题及归因

1. 部分教师对荣根精神和学校文化的理解不深

荣根学校从开办之日开始，就承载着陈荣根先生和许多热爱教育、关心教育的社会各界人士的期望，陈荣根夫妇"慷慨解囊，捐资社会；支持教育，奉献爱心；培养人才，富民强国；勤俭节约，传承美德；专注工作，热爱事业；淡泊名利，不断进取"的品德成为荣根学校文化的基础，学校倡导成为"学习型人、发展型人、奉献型人、幸福型人"就是基于这种因素。目前，荣根学校的学校文化无不深深地留有荣根精神的烙印。

进入学校的新教师对荣根精神和学校文化的理解不深的主要原因是，学校比较关注他们的业务成长，对于他们的精神和文化的成长关注不够。

2. 管理制度和机制有待完善，执行力有待加强

学校某些管理制度具有一定的工作指引性，但因其设计不够科学，执行标准难把握或操作太烦琐而未能发挥应有的作用，和管理机制的高效标准还有差距，层级管理效能不理想，干部作风过于温和，不够雷厉风行，对人和事的考核评价不够大胆。

归纳其主要原因是对某些管理制度没有进行及时的修订和完善，管理人员的责、权、利没能很好地统一。

3. 物业、后勤管理有待加强

部分功能室使用率不高，部分电教设施维修频率较快，一些常用物品管理不严。

归纳其主要原因是对后勤、物业管理部门没有提出明确的管理考核标准，不够重视细节管理。

（四）解决办法与改进措施

（1）加大对荣根精神和学校文化的宣讲，加强对新教师特别是新分配进入学校的年轻教师的教育和引导，把荣根精神和学校文化多层次、多角度、多形式地融入学校的教育教学内容及活动中，在人、事、物等各方面树典型、树榜样、树标杆、树形象，用荣根精神和学校文化激励人、发展人、促进人。

（2）尽快在广泛征求意见的基础上依法修订和完善学校规章制度，力求简明实用，便于操作和评价。建立有利于校长负责制的管理机构系统、层级管理指挥系统，进一步明确管理团队的责、权、利，明确"引领与协调，指导与服务，检查与督促，考核与评价"等工作；建立民主生活会制度，开展经常性的工作反思活动，定期进行自诊自评，及时调整策略，改进工作，做到科学治校；健全管理干部培养使用制度，支持干部学习，帮助干部改进工作方法，提高执行力，完善干部考核机制，畅通民主评议渠道，建设充满活力而又勤于工作的管理队伍。

（3）建立行政后勤巡查登记制度和设施设备维修、水电使用统计及信息公开制度，促进全员关注后勤工作，加强后勤人员的培训和工作指导，为师生提供优质的后勤服务。

二、课程与教学

（一）基本情况

学校严格按照国家、省、市课程计划，开齐开足规定课程，除开设了法制、禁毒、安全、心理健康教育等活动课程外，还开设了6门校本课程，引领教师认识新课程理念，树立新课程观，认真实施课程教学，推进课堂教学方式的转变，建立教学质量监控制度，积极构建教学评价机制，教学质量处于宝安区先进行列。

（二）主要成绩与做法

1. 课程建设

（1）学校的课程设置与课时安排符合国家、省、市课程计划的要求，开齐课程，开足课时。创造性地实施课程，大部分教师都能深入地领会新课程理念，按照新课程标准授课。调查显示，教师的新课程理念正确理解率为98.1％。

2011—2012学年度荣根学校课程安排表

课程 科目 课程 周时 年级		一	二	三	四	五	六	学科总课时	九年课时总计比例（％）
必修课	品德与生活	2	2					140	7.3
	品德与社会			2	2	3	3	350	
	思想品德							206	
	语文	9	8	7	7	6	6	2055	21.2
	数学	3	4	4	5	5	5	1322	13.9
	英语			3	3	3	3	832	8.7
	科学			2	2	2	2	760	8.0
	体育	4	4	3	3	3	3	700	10.6
	体育与健康							309	
	艺术　音乐	2	2	2/1	2/1	2/1	2/1	906	
	艺术　美术	2	2	1/2	1/2	1/2	1/2		
	信息技术			1	1	1		208	7.3
	综合实践活动			2	2	2	2	486	
	合 计	22	22	26	28	28	28	8583	90.1
地方、校本课程		4	4	4	2	2	2	733	9.9
周课时总量		26	26	30	30	30	30		
在校活动安排	班队活动	1	1	1	1	1	1	210	
	第二课堂	1	1	1	1	1	1	210	
	活动课时	7	7	3	3	3	3	910	
合 计		35	35	35	35	35	35		

注：关于地方、校本课程开设的指导意见详见《深圳市义务教育课程计划说明》。

（2）学校在德育课程、综合实践活动课程的设计上有明确的课程目标、序列计划及评价方案，推进德育课程、综合实践活动课程与学科课程的有机融合，开展了丰富的探究性学习、文体活动和社团活动。充分挖掘、有效利用课程教学资源，创造性地开发适应学生发展需要的校本课程，校本课程有规范的课程目标、内容及实施方案，形成自身的特色与优势，学生认可度为99.4％。

学校坚持"育人为本，德育为先"的德育理念，推进"四育"协调发展，逐渐形成以"关爱"和"责任"为德育主线，以"养成"和"规范"为主要措施，以"活动"和"体验"为主要途径，以"育德"和"育心"为主要目标的"主体性、体验式、课程化"的德育实践模式，学生对学校老师的评价满意度为99.4%。

我们的具体做法是：

（1）德育内容课程化。学校编撰出版了《学生常规管理十课》，实行常规管理课程化，把对学生的常规管理工作落实到学生学习生活的方方面面、点点滴滴。全校师生得其所要，有本可依，有章可循，学生常规管理井然有序，卓有成效。"爱心教育"课程有"爱心献给父母""爱心献给老师""爱心献给社会""爱心献给祖国""爱心献给地球妈妈""爱心献给自己"等系列栏目，主要作用是培养学生的伦理道德、爱国精神、环保意识及自爱自强的品质等，学生的自我欣赏度为99.2%。

（2）德育课程系列化。为了规范学生的行为习惯，学校结合国学，把《弟子规》引入德育课程，进行行为规范的系列训练。为了规范学生的学习行为，养成良好的行为习惯，学校根据学生的学习实际制定和实施了《学生学习六项常规》（均为诗歌形式），包括课前准备、听课、书写、诵读、作业、复习等学习行为。在行为习惯方面推进"六能四会"，加强行为习惯训练，学生对学习生活的满意度为99.8%。

（3）实践体验场态化。实践体验是德育的重要课程形式，这一育人过程往往是在一种看似无形实则有形的教育场中完成的。学校就是一个大教育场，其构成是一个又一个分教育场，如校园环境场、校园文化场、专题教育活动场、班级教育场、各种学习生活细节所构成的教育场及各种特别创设的教育氛围等。一个个主题教育活动和常规德育活动所构建的德育活动教育场引导着学生在体验中快乐地接受教育。比如，"民族精神代代传""绿色家园""大运宣传进社区""爱心一族""校长助理竞选""我的责任""我当小老师""深情献恩师""一周一主题的班队会活动"等主题教育活动，尤其注重发挥学生在教育活动中的主体作用，使他们成为德育活动的主体。除此之外，班集体德育场对学生的影响更直接，学校通过创设特色班级、强化学生自主管理和开展

"文明班队""先进中队""队操标兵""卫生标兵"等各种评比、竞赛活动，不仅促使班级内抓特色、出强项，而且促使学生人人担责任，个个做贡献，使班级不断形成团队协作的集体凝聚力，继而形成健康、积极、向上的班级教育氛围，学生的主体性和自我教育能力都不断得到提高。学生的自豪感满意度为97.2%。

（4）根据学生特点和需求开设特长课程，比如手风琴、竖笛、弦乐、声乐、舞蹈、书法、篆刻、摄影、棋类等58个课程项目。学校每年历时一周的艺术节和各种专题节，如合唱节、美术节、书法节、器乐节、戏剧舞蹈节等成为师生展示艺术才华的舞台，成为学生在校时期的美好回忆。学生社团活动丰富多彩，有篮球队、足球队、田径队、美术书法队、小星星文学社、粤剧团等，近三年，共获各类奖项600余项，学生兴趣小组参加率为96.8%。

2. 教学实施

（1）坚持面向全体学生，促进每一个学生的健康成长。学校确立了"爱生敬业，严谨求真"的教风，从教育观和方法论的角度指引教师善待每一个学生。学风"尊师好学，主动探索"，既是指引学生学习的态度和方法，也是教师工作的重心；每位教师都能按照课程标准、结合学生学情制订教学计划，并认真落实；学校严格执行教学常规管理制度，制定了《教学常规管理细则》，创造性地指导教学工作。

抓好备课、听课、督导、检查、反馈等各个教学管理环节。其中，备课模式为中心发言人发言—集体研究—个性化设计，学校行政不定期参与活动，集体备课，每周一次。教学检查与督导形式多样，如巡课、听课、评课、问卷及信息反馈等，教师每周至少听一节课，中层干部每周推门听课1~2次；教学处每学期集中检查教学工作两次，每周抽查一次，包括教案、作业、听课笔记、教研记录、教学反思等；每学期组织学生座谈会、问卷调查各一次，了解工作，反馈信息，及时整改。教师对学校教学管理的满意度为99.1%，学生对教师教学能力的满意度为99.8%。

（2）积极构建有效课堂，落实高效教学，大力加强"减负提质"工作。学校要求全体教师"向四十分钟要质量"，实施"以学定教"的教学机制；大力践行"成功教学法"，实行"三清"，即堂堂清、日日清、周周清，当日事当日毕，优化教与学的方式，实现新课程的三维目标。学生对老师课堂教学的满意度为99.3%。

为了提升教学质量，提高教师的专业能力，学校坚持以"小连环"校本教研的形式为教师磨课，磨炼教师，特别是磨炼青年教师的教学基本功，提高其教学能力的作用显著。研究是"小连环"教研模式的中心环节，其基本过程是以年级学科备课组为单位，以课堂教学为阵地，确定一个课题，选定同一教材，集体研究方案，轮流上实验课，课课评议，连环跟进，研修一体，螺旋上升，最后全程回顾，全面总结，共同提高。"小连环"校本教研包括九个步骤，即确定课题、选定教材、个人钻研、集体研究、上先行课、评先行课、再上再评、全程回顾、实践推广。整个过程是一个"实践—认识—再实践—再认识"的科学实践过程，是一个集体研究与个人创新相结合，借鉴与超越相结合的螺旋式上升过程。在整个过程中，教师们的情绪热情高涨，形成了浓厚的群众性教研氛围，学科教学质量也因此获得迅速提高。各学科课堂教学中的"小连环"教学研究已坚持10年之久，完成17轮。近三年，上"小连环"研究课480余节，听课、评课480余节，当堂录像138节，撰写"小连环"教学总结（含教学反思）120余份，校园网公布"小连环"教学研究课点评54万余字，教师参与率为100%。

利用"小连环"教学研究的资源优势，积极推广"组结式"校本教学模式，推进课堂改革，打造高效课堂，课堂教学优良率为93%以上。2011年7月13日，《中国教育报》发表了杨水旺校长的论文《"组结式"国学教学模式初探》。不断强化"提质减负"的策略研究，要求教师精心设计和批改作业，对作业反馈的信息高度敏感，及时调整教学策略，并通过检查作业、召开学生座谈会及畅通家长投诉渠道，监测学生课业负担，学生对作业量及批改情况的满意度为99.2%。

（3）学校教学环境和谐，师生关系融洽。学校实行不同学生的教学策略，学生个性化学习渠道畅通；关注学困生的学习行为与能力，帮扶学困生进步取得明显的成效。

各科教学实行"两关一跟""两课一分"制，即周过关、单元过关与质量跟踪，课内、课外分层教学，在语文教学中大力推行"三效课堂"，即学得高效、习得有效、考有成效；积极建设快乐校园、温馨课堂，师生互相尊重，受学生喜欢的老师占95%以上。学校专门建立了学困生跟踪档案，学困生进步率为90%。

3. 质量保障

（1）学校有序监控教学过程，有效检查教学质量，有据形成测量报告，对存在的问题及时调研、分析、诊断、改进，各学科教学质量显著提升。坚持行政、师生值日制度，一天一小结；坚持班级量化管理制度，一日一公布；坚持教学管理人员、教研员跟踪听课制，每学期听课120余节，听后必评，评后必改；坚持学科抽查制度，每周教学处抽查一次，临时通知，当场反馈，跟踪整改；坚持每学期两次全校教学大检查制度，并及时公布检查结果，督促整改。坚持每学期两次全校教学质量大检测制度，对于每个学期的期中和期末考试，教学处全面统计考试成绩，认真分析质量，有据形成测量报告，分科进行质量分析，及时召开全校教学质量分析大会，公布分析结果，提出整改的要求、措施与建议。近几年，在宝安区教学质量统测中，学校的学生成绩位居前列。

（2）学校树立全课程评价观，制定课堂评价基本标准，关注课堂的实效性，特别是一节课中学生的真正学习收获，关注学生学习兴趣和学习习惯的培养等。全体教师每周至少听课一节，并对所听的课评价打分，教学处每周统计掌握教师教学情况；建立评价激励机制，开展优质课教学评比活动以及组织骨干教师评选，促进教师持续发展；开展教学公开活动，邀请家长参加听课、议课、评课活动，提高教学评价效能，有效提高教学质量；备课组每周定时定点开展一次以集体备课、教学评价为重点的教研活动。

学校印发"深圳市荣根学校听课评课本"，其扉页印有"课堂教学评价"，评价标准与要求一应俱全。每学期教师每人听课16节以上，认真记录与评价，由教学处检查并登记。每学期评课、议课，校级10余次，科组100余次。

（三）存在问题及归因

1. 教学过程的管理不够细致，部分措施力度不够，效果不明显

原因在于针对备、教、改、导等教学环节的管理标准和要求还不够具体、完善，对细节的考虑还不够周全，在落实标准和要求的过程中还存在不够严格的现象。

2. 少数学生学业成绩进步幅度不大

究其原因有两方面：一方面，少数学生学习基础不够扎实，缺乏学习主动性与积极性，学习能力不够强；另一方面，面向全班学生比较统一的学习质量与容量要求，对于学习能力欠缺的学生而言这是一项较大的挑战，这导致学生容易产生挫败感，打击了学生的学习兴趣和学习积极性。

（四）解决与改进措施

（1）加强教学过程管理，细化备、教、改、导等教学环节的要求与标准，充分发挥科组、备课组的职能作用，进一步落实备、教、改、导等教学环节，加强教学交流和资源共享工作，落实同科结对帮扶措施，不断地提升教学质量，进一步健全教学监督和管理长效机制，做到高标准、严要求、工作细、到位实。

（2）践行课改理念，实行分层教学，关注后进学生，不断优化师生教学行为，在内容、任务、目标等方面分层分项落实成功教学的"三清"要求，有针对性地关注不同层次的学生，努力提高课堂教学的实效性，使各层次学生各得其所，各尽其能。

三、教师发展

（一）基本情况

学校现有教师101人，其中，中学特级教师1人，中学高级教师1人，小学高级教师49人，硕士研究生占3.7%，大学本科生占65%，大专以上学历占100%，教师平均年龄38.5岁。学校现有省、市学科带头人多名，区级学科带头人9人，区明师工作坊主持人7人，区骨干教师8人，区教坛新秀3人。学科带头人和骨干教师、教坛新秀都能主动地承担教学公开课等研讨活动，引领作用明显，学校构建了以学科组为教研主体的机制，每周定期开展活动。教师课堂教学优良率为93%，校级以上骨干教师、学科带头人占教师总数20%；承担区级以上课题14个，参与课题研究人数占教师总数90%。

（二）主要成绩与做法

1. 团队建设

（1）学校教师具有良好的职业操守、道德品质，无违法、违纪、犯罪等现象。许多教师工作量偏重，如有的教师担任两个班语文兼班主任等，但毫无怨言，工作兢兢业业；热爱本职工作，精心教书育人，60％的教师受过区级表彰。具有团队精神，崇尚正义、乐于奉献，凝聚力较强，在历年各级各类教学比赛中，如说课、上课、辩课等，学校充分发挥团队的智慧和力量，屡屡夺冠，载誉而归。教师自我职业认同感为100％，归属感为97.2％。

（2）学校致力教师团队发展。制定了《教师成长促进制度》和《教师教学基本功八项修炼》，开展教师培训，支持继续教育，组织竞赛等活动，帮助教师专业进步，学校教师校本培训形式多样，内容丰富，如"小连环"教学研究、成功教学研究等。

学校开展的"组结式"校本培训模式倍受推崇。"组结式"校本培训摒弃了单一的"专家讲座"的培训方式，探索出一种重新编排组合校内外丰富培训资源，多元、多层、多面的培训方式——"组结式"培训。这种培训方式尤其强调师资培训的校本化，将"专家式""教练式""雁领式""沙龙式""讨论式""风暴式"等培训方式组结起来，形成人人参训，个个为师，培训个性化，专题实用化，点与面结合，分项目推进的良好校本化培训局面。这样，教师在同伴、师傅、专家的共同培养下，学习并分享了名家、名人、身边优秀同仁的思想文化、教育观念、教学方法、教学艺术，对教学研究有了深入的认识，对新课程理念有了深入的理解，教师素质与能力得到了实实在在的提高。教师们站得高、看得远、想得深，为教育教学能力的提高奠定了坚实的思想、观念和方法基础。

2. 专业水平

（1）学校各科教师能把握新课程教学，自觉落实课程理念，切实提高教学水平和教学质量，2010—2011学年教师参加讲课、说课、课件案例等教学比赛获奖86人次，参加区级以上试卷命题11人次。语文、数学、英语、体育、美术、音乐等学科均能承担区级以上公开课、观摩课、研讨课等。近一学年，学校多位教师包括刘丽君、韦慧宁、刘先才、李腊华、付菊平、刘伊凝、朱丽娟、黄斐影、毛滨彬、李敏、张晓妹等承担了区级公开课。

（2）学校教师重视学生思想品德教育、心理健康教育和安全教育，具有较强的组织活动、管理班级、辅导学困生、转变问题生、开展家访等方面的能力。班主任能根据工作安排设计班队主题活动，开展形式多样的教育活动；科任教师经常进行家访、电访，教师校讯通平均每月4000多条信息。学校重视学生心理健康教育工作，配有专业心理健康教育教师，开设心理健康教育辅导课，开展个别心理咨询工作。心理健康教育队伍专兼结合，学校现有国家二级心理咨询师1人，7人具有广东省心理健康教育A、B资格证书。

（3）学校校本研修有计划、有组织。学校设立了教师成长记录袋，95.2%的教师制订了个人专业发展规划；重视校本培训，每学期组织1~2次"教学大讲堂"活动，邀请专家讲座或组织本校教师交流；学科组每周组织1次教研活动；学校每年编辑一次《荣根教研》，专门收录教师的教育教学文章，近一年有27篇教师论文在市级获奖；编印校报《荣根校报》《小星星》，激励师生多出作品，积极交流。

3. 评 价

（1）学校评优评先、聘用选用、绩效工资、职称评聘等制度办法科学合理，实施过程公开公正。评选办法由教师代表会议通过并公示，评选过程完全公开透明。各类考评能促进教师个体发展，教师年度考核合格率为100%，教师对考评工作的满意度为91.5%。

（2）学校建立了教师发展性评价制度，包括《教师月工作考核方案》《教职工综合考核积分制度》《教师职称聘任暂行办法》《事业单位岗位设置实施方案》等教师考评制度，坚持诊断改进、促进与提高相结合的原则，指引教师日常工作，考评结果与绩效工资挂钩，与评优评先挂钩，激励教师自主发展。根据调查结果显示，教师对学校提供的教师专业发展路径满意度为94.3%，教师专业水平进步率为89.5%。

（三）存在问题及归因

（1）部分教师未能把新课程理念很好地贯彻到教学工作的各个环节中，表现为教学质量不尽人意。究其原因，部分教师缺乏自主发展意识，学习动力不足，此外，教师团队发展机制还不够完善，没有充分发挥高级教师、骨干教师的"传帮带"作用。

（2）教师发展性评价机制有待完善，部分绩效考核内容对教师触动不大，教师签订了聘任合同，进行了岗位设置人事制度改革，但激励作用不够明显，其主要原因是部分制度设计不够科学，操作性不强，没能形成良好的机制。

（四）解决办法与改进措施

（1）开展师德教育活动，增强教师的责任感和危机感，构建教师绩效考核激励机制，让教师有迫切地提高专业水平的愿望，促进教师主动学习，树立教学责任意识和质量意识，完善团队发展机制，激励年级组、学科组团结互助，整体进步；加强对"骨干教师"和"学科带头人"的管理，积极发挥"传帮带"作用；摸清教师继续教育和校本研修的需要，做好研修和培训规划；建立学科组长负责制，学校监管培训经费，监控学习成绩，确保校本研修活动取得实效。

（2）完善教师考评考核制度，努力形成教师发展性激励评价机制，关注教师专业发展的努力过程，每年组织若干次教师工作的自诊自评和通过科组、级组、学校的阶段考评、成果认定，形成机制，激励教师专业成长。

四、学生发展

（一）基本情况

学校现有学生人数 1975 人，男生为1145人，女生为830人。其中，本地户籍学生有1163人，外地户籍学生812人（港台学生25人）。户籍生源来自步涌、大王山、东塘、共和、和一、后亭、马鞍山、民主、沙一、沙二、沙三、沙四、沙头、上星、辛养、新二、衙边、菱塘等18个社区，外地户籍生源来自附近的衙边、辛养、东塘3个社区。95％以上的家长具有关注学生的成长和配合学校教育教学工作的意识。

（二）主要成绩与做法

1. 全面发展

（1）学生的行为习惯、社会公德与德育成效

① 绝大多数学生具有较好的行为习惯，讲纪律，讲文明。每学期开学第一天，学校组织学生强化学习《小学生日常行为规范》《荣根学校常规管理10课》《荣根学校课堂6项常规》并开展有针对性的专门训练。学生对包括早锻炼、升旗、早餐、两操、课堂纪律、课间活动、礼仪、卫生、放学路队等主要行为规范的知晓率和训练率均达到100％。每周一安排一节班队会课进行常规规

范教育，使学生行为习惯的引导和训练常态化。开展"六能四会"学生常规训练评比活动，学生参训率100%。学生无严重违纪行为。2010年，学校被国家教育部确定为全国青少年文明礼仪教育基地、全国礼仪教育示范基地。

② 学生具有良好的社会公德，尊老爱幼，扶助弱小。例如，四（2）班学生从一年级开始就搀扶本班的一名残疾学生上课、下课，三（7）班的学生无微不至地照顾本班的智障学生。学生们积极参与爱心捐助活动，学生爱心捐款率达到100%。学校是慈善团体"爱心一族"的会员，每学期都组织学生积极参与"爱心一族"活动。2011年3月，陈秋言同学荣获宝安区第七届"爱心义工"荣誉称号，其事迹被《宝安日报》报道。学校每学期都会组织学生进行"爱心义卖"活动，组织学生到敬老院慰问老人，为沙井街道的公安干警进行慰问演出并寄送自制的节日贺卡。学生品德优良率为95%。

③ 学生安全意识较强，近几年未出现较大安全事故。设立安全教育周，每学期开展1～2次消防、地震疏散演习活动。邀请沙井塰岗派出所的警官来学校做安全教育报告，每学期2～3次。高度重视在班队会、师生集会进行安全教育。高、低年部每天各设立4个值日教师岗，10个学生文明安全监督岗，实施定点课间安全管理。学校未曾发生过严重安全事故。

④ 学生具有良好的心理素质，具有一定的社会适应能力。每学年开展一次安全教育宣传周主题活动。学校设有心理咨询室及心理咨询热线，开展心理咨询活动。六年级由专职心理教师开设心理活动课，其他年级由班主任利用班队会开展心理教育。学校建立了学生心理援助教师团队，制定了《荣根学校心理危机干预应急预案》。学生的心理健康状况良好，有99.2%的学生能积极地欣赏自己，表现比较自信；有99.8%的学生喜欢学校学习生活，能较好地适应学校生活。

⑤ 学生积极参与学校活动、社会实践与公益活动。100%的学生参与了校内的艺术节、运动会等文化、体育活动以及"禁毒禁烟""安全法制""民族精神代代传""我的责任""绿色家园"等教育活动。有96.8%的学生参加了学校的兴趣小组活动，有20%的学生参加了校长助理团竞选活动，有30%的学生参加了"荣根之星"评选活动，有89.8%的学生参加过各种社会实践与社会公益活动。

（2）学生的学习能力、学业成绩与智育成效

① 学生具有较强的学习兴趣，热爱学习。根据问卷调查显示，有90.8%的学生喜欢上学，喜欢教师课堂教学的学生占比92.6%。学生对知识探究有兴趣，有95.8%的学生与同学进行过探究性学习。

② 学习能力和学习成绩达到新课标要求，学困生进步率高，智育成效显著。

2011—2012学年第一学期期末质量检测分析表

项　目 学　科	优良率（%）	合格率（%）	不及格率（%）
语文	70.8	94.0	6
数学	84.5	96.8	3.2
英语	81.6	95.8	4.2

根据表中数据显示，全校学生语文学科合格率为94.0%、优良率为70.8%；数学学科合格率为96.8%、优良率为84.5%；英语学科合格率为95.8%、优良率为81.6%。在全区的质量检测中，语文、数学、英语三门学科在全区名列前茅。全校有学困生53人，通过个案跟踪指导，有50人在学习上有不同程度的进步，学困生进步率为94.3%。2011年，学生参加各类学科竞赛获奖391人次，其中，国家级1人次，省级2人次，市级210人次，区级88人次，街道级90人次。

（3）学生的健康习惯、运动技能、体质状况与体育成效

① 学生具有较好的卫生习惯和锻炼习惯，常见病得到有效控制，无重大传染病发生，学生有健康的体质，体质健康达标率高。学生衣着整洁，勤理发和勤剪指甲，不随地吐痰，能主动捡拾垃圾放入垃圾桶，能较好地保持教室和校园的卫生。学生能积极参加广播体操、眼保健操和大课间活动，热爱体育课，热爱体育运动。在流感等常见病高发时期，严格坚持晨检和每日消毒制度，做到及时发现，及时隔离，及时消毒，使常见病得到有效的控制，无重大传染病发生。学生具有健康的体质和较好的运动技能，体质健康达标率为98%。学校每学期开展一次年级运动比赛，每个年级都有相应的比赛内容，分别安排在6个周次，学生参与率为100%。

② 学生具有较强的自救自护能力，有较好的运动技能，体育成效显著。通

过班队会、紧急疏散演习、体育课等途径，加强救护常识的教育和自救自护能力的训练，使学生具备一定的自救自护能力。学校每年举办一次田径运动会，在比赛项目的安排上注重参与度和趣味性，运动会的参与度达100%，有80%的学生参加比赛项目。学校开设有田径队、男女篮球队、男女足球队、武术队、跆拳道队、乒乓球队等运动队。其中，学校田径队连续多年在沙井街道小学生运动会中荣获冠军，并代表街道参加区级小学生运动会，有6名学生还代表宝安区参加深圳市中小学生运动会。学校足球队参加宝安区小学生足球赛荣获冠军，并在深圳市中小学校园足球联赛中获小学组第三名。陈焯森同学被全国青少年校园足球工作领导小组办公室授予"2011年度全国青少年校园足球活动希望之星"荣誉称号。2011年，学校获"宝安区广播体操标兵学校""深圳市阳光体育先进单位"荣誉称号。

（4）学生的文艺技能、审美情趣能力与美育成效

① 学生掌握音乐、舞蹈及美术等艺术的基本技能，具有健康的艺术情趣和一定的欣赏能力。学校足课时开设音乐、舞蹈、美术、书法等课程，实现艺术教育普及率达100%，学生们热爱艺术课程，参与热情高。学校开设有舞蹈队、粤剧队、书法队、民乐队、合唱队、绘画班、鼓乐队、剪纸班、编织班、摄影队及小提琴兴趣小组等艺术类团队，参与学生605人，参与艺术社团的学生比例达30.6%。在一年一度的学校艺术节中开设有班级合唱专场、舞蹈专场、美术和书法展示专场等项目，众多学生上台表演和展示自己的艺术作品。

② 学校文艺活动在社区具有较大影响，美育成效显著。2011年，学生表演的舞蹈《飞鬃马》在宝安区学校艺展舞蹈专场比赛中获得一等奖，学生表演的粤剧节目《凤仪亭》《春草上路》在"迎大运"宝安区戏曲汇报演出粤剧专场比赛中获得一等奖。2011年，学生在街道以上各种艺术类比赛中获奖173人次，学校连续5年被国家教育部艺术教育委员会授予"全国艺术教育先进单位"荣誉称号。

2. 可持续发展

（1）自主发展意识与能力及精神状态

学生具有较强的学习愿望和学习兴趣，具有一定的自我管理能力与主动发展的意识，体现出健康、活泼、积极向上的精神面貌。据有关调查数据显示，

有90.8％的学生喜欢学习，对学习感兴趣，积极上进；有82％的学生自我认同感强，有99.2％的学生欣赏自己的优点。学生的课外阅读热情高，学生积极主动地到学校图书馆借阅图书，每个班都涌现出不少小书迷。学生早读和午读采用"教师指导的学生自主管理模式"，即教师提前布置任务，学生自主管理开展学习活动，教师后续反馈及评价。90％以上的班级表现出较强的自主管理能力，虽没有教师直接监管，却能在"小老师"的组织下做到"读书时书声琅琅，看书时安安静静"。通过校长助理团竞聘、荣根之星评比、设立学生文明监督岗和环保小卫士及各种表彰等有效形式，引导学生的主动发展意识，拓展学生的发展空间。

在学校每年开展的"校长助理"竞聘活动中，为了竞聘梦寐以求的"校长助理"，学生们首先要向全校公示自己的竞选宣传小报，然后再找到50位老师和10位中层领导签名支持，最后通过各年级和全校性的演讲比赛和才艺展示两道难关，才能成为最终的当选者。

（2）实践能力与团队合作

学生积极参加各种实践活动，能较好地通过团队合作、社会实践和信息技术等方式方法提高学习能力和水平。据有关调查数据显示，有89.8％的学生参加过义卖、义工、小小交警、爱心一族、社区义务劳动、夏令营等社会实践活动，提高了学生的团队合作与社会交往能力。大多数班级建立了学生互帮小组，在生活上、学习上互帮互助，学生的学习能力和水平获得了共同提高。

（3）反思、质疑、探究能力与创新精神

学生具有一定的反思、质疑、探究的思维品质，具有一定的创新精神与初步的研究能力，具有良好的基础性、发展性和创造性能力。在课堂上，学生特别喜欢教学环节中的质疑活动，学生们乐意提出自己的见解。据有关调查数据显示，有95.8％的学生喜欢探究性活动，并实际参与观察、实验、制作、小调查等探究性学习，表现出一定的创新精神与初步的研究能力。在每年一届的校园艺术节中，学校分年级开设了画面具、画青花瓷、画纸裙、画纸伞、做纸工、做环保艺术品等专题创造性艺术活动，学生参与率达100％，学生的作品充满创意。2011年，我校学生参加第26届青少年科技创新大赛荣获绘画类国家级二等奖1个，省级一等奖1个、三等奖1个，市级一等奖2个。每个假期，学校都会安排诸如"小眼睛，看世界""春联小研究"等社会小调查活动，学生参与率达100％。

（4）学生评价制度与激励机制

① 学校建立了学生发展性评价制度，坚持面向全体、全面发展的方针，摒弃以学业成绩为唯一标准的评价制度，实施激励性、多元性的评价机制。使用《学生成长评价手册》，从德、智、体、美、劳等各方面对学生进行评价，关注学生的全面发展。积极开展面向全体学生的"荣根之星""文明礼仪之星""学习之星""进步大学生""优秀学生""校长助理""阅读之星"等评价活动，多种评价、多元评价、多层激励。对学生成绩的评价采用等级评价，不评名次，不搞排队。

② 学生身心健康，获得可持续的全面发展，深得家长、社区及社会各界的好评，深受高一级学校好评。据有关调查数据显示，有99.8％的学生家长对学校教育教学效果表示满意或基本满意。大部分学生升入沙井中学，荣根生源的学生因为"学习态度好，行为习惯好，发展潜力大"受到沙井中学的好评。每年中、高考，学校毕业的学生在沙井中学毕业生中始终名列前茅。

（三）存在问题及归因

1. 部分学生的人生观、价值观、世界观的引导和培育欠缺

根据来自学生的调查数据显示，有10.2％的学生没有参加过家务劳动或社区义务劳动。根据来自家长的调查数据显示，只有55.8％的学生经常做力所能及的家务，有42％的学生偶尔做家务，还有2.2％的学生从没有做过家务劳动。与此同时，学生在学校的表现与在社区和家庭的表现不一致，比如在学校能认真完成作业的学生回到家后迷上看电视、玩电脑，读书、写作业需要家长反复催促，作业马虎。有少数学生存在乱丢垃圾、践踏绿地等不文明的行为。这都反映了一部分学生缺乏应有的劳动锻炼，劳动意识淡薄，自理能力欠缺，责任感不强，文明、礼仪、卫生习惯还没有有效地养成。这些问题的存在都会不同程度地影响学生树立正确的人生观、价值观、世界观。

导致这些问题的主要原因是家庭对学生学业关注较多，而对学生的思想教育关注较少，更少关注学生人生观、价值观、世界观的形成。

2. 学生近视率偏高

2010—2011学年学生健康体检结果显示，学生近视率达35.21%，学生近视新近发病率达19.6%，主要原因是用眼卫生教育不到位，部分学生上课坐姿和写字姿势不正确，部分学生课业负担偏重，学生在家玩电脑的时间过长等。

（四）解决办法与改进措施

（1）学校要加强与社区、家长的联系，通过家长学校、家访、电访、校讯通等形式，对家长进行教育观念与教育方法的积极引导，形成观念一致、要求一致的家校教育联动。引导家长学会站在促进孩子成人，使其形成正确的人生观、价值观、世界观的高度，加强对孩子的思想教育，引导学生多参与社区义务劳动、家庭家务劳动等实践性活动，加强文明、礼仪、卫生习惯等方面的培养。

（2）坚持健康第一，制定班级学生体质健康达标率和近视新发病控制数，责任落实到教师，切实加强用眼卫生教育，及时纠正学生上课坐姿，减轻学生课业负担以及保证每天1小时的锻炼，抓好"广播体操""眼保健操"和阳光体育活动。

五、学校发展

（一）基本情况

学校提出了"办好学，让每一个学生上好学，上好每一堂课，教好每一个学生"的办学理念，确立了"以教育的现代化、国际化培养现代文明和谐之人"的发展目标和"文化立校，和谐发展"的发展策略，提出了"以习惯养成促学生健康成长，以专业修炼促教师能力提升，以践行'四育'促教育质量提高，以特色建设促学校文化发展"的发展思路。学校有被师生广泛认同的明确办学理念，有校歌、校徽等文化标志，校园文化氛围浓郁，师生有强烈的归属感；学校特色项目突出，是深圳市"艺术教育及校园文化"特色项目学校。

（二）主要成绩与做法

1.学校文化

（1）文化核心价值、学校精神、群体风貌

① 学校实施文化立校战略，践行办学理念倡导的核心价值观和学校精神，成为师生、员工共同行为。学校积极实施"文化立校"战略，确立了"文

化立校，和谐发展"的发展策略，确立了自己的核心价值观。我们有以"荣耀中华，根植自强"为核心的学校精神，学校精神的主要内容是"五句话"和"九种精神"，师生广泛认同学校精神。根据有关调查显示，师生对学校精神的认同率分别为100％和91.9％，许多教师经常将"五句话"和"九种精神"挂在嘴边。

② 优秀典型人物和先进事迹。学校教师以实际行动认真践行"敢于竞争，富于创新，善于协作，乐于奉献"的校风，践行"荣根精神"，兢兢业业。体育组老师利用周末和寒暑假时间，训练田径队、足球队、乒乓队等校队，不取半分报酬，不讲半句怨言，并带领学生代表队在街道、区级比赛中屡获佳绩。例如，蒋向前老师带领书法队刻苦训练，先后十几次在省、市、区及全国书法大赛中获总分第一名，400多人次获得奖项；仅以2010年教育部举办的学校艺术展演为例，全国共20人获得一等奖，其中3人是他的学生，名列全国第一，学校也因此被评为广东省书法名校。钟金英、曹小亚、方莲花、邓云娣等多位老师全身心地投入到教育教学工作中，勤勤恳恳，任劳任怨，生病了也不请假，坚持带病工作。钟笑斐、詹辉艳、毛秀群、詹灿等老师，产假未满就来校工作。刘继国老师负责的学校电教中心仅有两名教师，却负责校园网络、440多台电脑以及50多台电子白板的维护工作，同时还要负责学校各种活动的摄像工作，制作学校大型宣传海报、展示课件，并协助教师制作各种比赛课、展示课的课件，工作量大，经常加班加点到凌晨，第二天仍照常坚持工作。荣根教师是一个讲风格、讲奉献，不计得失的优秀团队，先进事迹不胜枚举。

（2）文化活动、凝聚力与归属感

① 学校的文化活动主题鲜明、内容丰富、形式多样，师生、员工都喜闻乐见，参与面广，学校"三风"良好，全校师生体现出一种积极向上的进取精神。"周周有活动，活动育文化"是荣根学校的特色，如"校园艺术节""民族精神代代传""绿色家园""爱心一族""校长助理竞选""我的责任""学长小先生""深情献恩师""一周一主题的班队会"等活动主题鲜明，形式多样，形成序列，蕴含深厚的校园文化色彩。以"学长小先生"教育活动为例。一年级学生都要求过拼音关，要求人人都要达到优秀的层次。为此，学校从五年级选拔了一批优秀的学生担任"学长小先生"，让学生教学

生。在为期一个月的一年级学生拼音过关强化训练过程中，每周有三次一对一的"学长小先生"活动，学长们尽心、尽力、尽责。这一过程不仅是教学，更是教育，同时也是蕴含关爱、责任、互助精神的文化活动。教师的"阳光心态，健康生活"活动不仅活动频繁，而且活动形式生动活泼，为教职工所喜闻乐见。

② 师生广泛参与学校文化活动，体现出较强的凝聚力和归属感，形成优良的"三风"和学习型组织。学校师生参与学校文化活动的比例分别为100%和96.7%。学校师生有较强的凝聚力和强烈的学校归属感，师生对学校归属感的比例为97.2%。学校形成了优良的"三风"，教师和学生对学校"三风"的认同度分别为100%和91.9%。学校通过各种培训讲座及建立中心学习小组、名师工作坊、师徒结对、学科备课组、创建学习型家庭等形式积极创建学习型组织，教师和学生对学习型组织创建成效的认可度分别为98.1%和97.4%。

（3）环境建设、文化气息、绿化率

学校环境建设充分体现办学理念，校园文化气息浓郁，环境舒适优美，绿化覆盖率高，育人功能明显，有利于师生身心健康。"创新校园环境文化，突显校园文化特色"是学校校园环境建设的基本理念，校园环境建设处处体现人本精神和人文关怀，让"一景一物会传情、一草一木能育人"成为学校环境建设的执着追求。学校大门、荣根纪念大楼、塑胶运动场、《成长》群雕、生物园、《根》浮雕、高年部花园、低年部花园、风采古榕、警言石刻橱窗等校园十景就是学校环境建设的突出代表，蕴含深厚的文化气息。学校现占地7.2万平方米，总建筑面积2.2万平方米，学校绿化面积达62.8%。重视禁毒、禁烟教育，吸毒发案率为0，教师吸烟率不到10%，学生没有吸烟现象。教师和学生对学校环境建设的认可度分别为100%和92%。

2. 办学特色

（1）特色建设与认同感

① 学校的特色建设有规划、有目标、有策略，切合办学理念与校情。学校明确以特色发展促进学校发展的基本思路，并提出了建设"十大特色"的特色发展规划。

② 特色建设持续推进，保障有力，赢得师生、员工的广泛认同和大力支

持。目前，在学校创建"十大特色"的基础上，特色建设已向班级层面推进，要求班班有特色。第一批"荣"字辈的8个特色班级已经授牌。师生参与学校特色建设的比例均为100%。

（2）特色建设的成效

① 特色建设促进了学生发展、教师发展和学校发展，成果显著。早在2007年，学校被《中国教师报》、中国教育报刊社新闻研究中心等相关媒体机构评为校园文化建设"全国十佳示范学校"，校长杨水旺被评为校园文化建设全国"十佳卓越校长"。2011年，学校通过两项深圳市特色项目评估，被评为市级"艺术教育特色学校"和"校园文化特色学校"。学校的艺术教育特色鲜明，效果显著，硕果累累，连续3年被国家教育部艺术教育委员会评为艺术教育先进单位。学校的围棋特色教育蓬勃发展，学校有驻校围棋俱乐部，如荣根围棋俱乐部，并在低年级开展围棋普及教育，从一年级到三年级每个班都开设围棋普及课，每周一节，纳入正式课程表。这些特色建设为学生在全面发展的基础上充分发展个性特长创造了良好的条件，使学生的个性特长与创造能力获得了充分地发展。近两年来，学生广泛参加文学、艺术、体育、科技、棋类等兴趣发展活动，涌现了一大批特长生，近1800人次在省、市、区等各级各类个性特长与比赛活动中获奖，成果显著。

② 学校形成了可资推广的先进经验，社会认可度高，被广泛赞誉。《人民教育》（2012年第2期）以"荣耀中华，根植自强——广东省深圳市荣根学校办学特色介绍"为题，以封二两个版面对学校办学特色进行了专门的报道。《南方周刊》（2010年第5期）以"翰墨飘香远　国学浸润长"为题，《宝安日报》（2011年9月26日）以"笔走龙蛇蒋向前——沙井街道荣根学校书法特色教学小记"为题报道学校的书法教育特色。学校的建设与发展也受到其他媒体的广泛关注和肯定。中央电视台、广东卫视、《人民日报》《中国教师报》《中国教育报》《中国楹联报》《深圳特区报》等多家媒体曾多次对学校的发展及办学特色进行了一系列专题报道。师生及家长对学校特色的认可度分别为99.1%、97%、90.1%。

3. 业绩与评价

学校在原有基础上取得明显进步与发展，获得多项荣誉和奖项，办学成果影响面广，先进经验在区、市内外得到交流和推广，可持续发展势头强劲，具有示范作用。学校的进步比较明显，家长、教育行政部门、社会各界对学校给予了高度评价。2011年，学校集体获得街道级以上荣誉及奖励36项，其中，国家级4项，市级7项，区级18项，街道级7项；学校及师生获得街道级以上荣誉及奖励504项，其中，国家级14项，省级10项，市级241项，区级119项，街道级120项。据有关调查数据显示，家长对学校的满意度达到88.3%。学校的"小连环"教学研究、家庭教育研究、艺术教育特色在区内外有较大影响，先后有来自省内外的兄弟学校及美国、加拿大、英国、日本、澳大利亚、马来西亚等国家的兄弟学校到学校参观访问。

（三）存在问题及归因

（1）一些问题学生的教育缺乏行之有效的方法、措施与途径，这些学生在行为习惯、学习习惯、学习兴趣、学习动力等方面存在一些问题，这是我们今后要努力解决的重点。

（2）名师（名班主任）比例不高，教师整体素质还有待提高，成熟教师欠缺，骨干教师不足，名优教师（班主任）比例较小，今后还需加强名师（名班主任）的培养，打造一支占比较大，年龄分布合理的名师队伍。

（四）解决办法与改进措施

（1）加强对问题学生的研究，建立问题学生个人档案，通过个案跟踪指导问题学生解决行为习惯、学习习惯、学习兴趣、学习动力等方面存在的问题。

（2）推进名师建设工程，建立名师成长梯队，完善《骨干教师评选方案及管理办法》，积极培养学科骨干教师，为名师的成长提供多方面的保障，从制度和机制层面为名师成长创造有利条件，打造荣根学校的名师队伍。

第四部分　发展愿景

荣根学校至今已建校28年，在各级领导和教育行政部门的关怀下，在学校董事会和社会各界的大力支持下，学校在许多方面取得了好成绩，而这些成绩的取得，与解放思想、不断创新、不断反思、努力进取分不开。

实践证明，学校的每一次成功和进步都伴随着一次思想解放，从习惯思想和习惯思维开刀，敢于自我批评，敢于从以往的习惯做法中解放出来。正是基于这样的认识，学校每学年度及每个五年期都提出了切实可行的工作总体计划和具体工作目标，并扎实推进。

目前，荣根学校正在由内涵发展阶段向现代化、国际化阶段发展，由速度型向质量型发展，特别是近年来，以学生与家长的需求为学校的目标取向，以持续提升教育质量为学校的中心任务，以持续改进工作为学校管理的基本内容，以持续完善机制为实现目标的基本手段，以持续提高教职员工的工作水平为达到目标的基础，在"人本管理""文化管理"方面打造和推进学校文化特色建设，为学校的发展和管理提出了新要求，并不断构筑具有自身特点的学校文化，将其确定为发展和形成学校品牌的核心竞争力。

未来五年，荣根学校发展的主要方向如下：

（1）以生命教育为突破口，继续探索并积极实践建立在学生全面健康发展基础上的"四育"途径和模式。

（2）以国学教育为突破口，继续把建立在人文教育基础上的素质教育、品德培育和智慧教育纳入学校教育各层次中，并有效地进行整合，发挥教育合力作用，使师生不仅要具有国际视野，还要具有民族精神。

（3）以培养现代文明和谐之人为突破口，继续倡导和发扬荣根精神，并在此基础上沉淀和积累荣根传统文化，用精神文化引领人、激励人，在训练人格上下功夫，在提高人的整体素质和本质素养上多下功夫。

（4）以学生六项常规为践行"四育"的基础，培养学生的良好习惯和性格。

（5）以教师八项修炼为践行"素质教育"的基础，增强教师专业素养。

（6）以课题研究为突破口，继续加强科研课题的管理和研究，在信息技术应用，教师专业化发展，校本教研、校本培训上创新思维和模式，不断在机制、方法和途径上向内涵化、效益化和本质化方面发展，并以此提高教师的教育生命价值和学校的教育教学质量。

总结提升

第七篇

黑白小棋盘　教育大天地

方尺虽小，天地乃大。围棋，作为一种角智、怡情、砺志、磨性、品趣的游戏活动，有力地诠释了这种"小与大"的辩证关系。"小"是指其对时空等资源的占用；"大"是指其对人的智、情、趣、志、性等的全面开发。而智、情、趣、志、性对于一个人的成长又意味着什么呢？这些不正是代表着我们的学校教育追之逐之的人的"素质"吗？这也是学校教育工作者对围棋的基本理解。这种理解与观念，引发了我们对素质教育的一次重大探索——发展围棋特色教育。

自20世纪80年代以来，深圳市宝安区教育局及有关部门一直非常重视开展中小学生"三棋"活动，经常组织大规模的市级、区级"三棋"比赛。在如此浓厚的棋类活动氛围之中，学校教育也"耳濡目染"，各级各类学校的"三棋"活动也开展得轰轰烈烈，我校就是这样一所具有浓厚棋类文化底蕴的学校。在1998年7月，我校荣获宝安区中小学生"三棋"比赛围棋团体第二名的好成绩。2001年，学校被深圳市教育局和体育局授予"深圳市体育传统（围棋）学校"。2004年4月及12月，我校围棋代表队分别参加了深圳市中小学生围棋赛、深圳市少儿围棋公开赛两项大赛，均荣获团体冠军。2005年5月，我校成功举办深圳市"荣根杯"少儿"三棋"比赛，我校学生夺得三项比赛的团体第一名。2006年1月，我校小棋手冯严谨同学勇夺"育苗杯"全国少儿围棋大赛E组（6岁以下）冠军……目前，我校的围棋特色教育进展顺利，态势喜人。2005年3月，荣根棋院创立于荣根校园；自2005年下学期开始，我校在一至三年级开设围棋课，普及围棋教育。

一、回顾——厚积薄发三级跳

1. 学校决策：围棋特色教育成为"文化兴校，和谐发展"的内涵之一

2002年，我校成为广东省一级学校。学校获得重大提升之际，也是学校领导班子苦苦思索之时：评上省级学校之后的路又该怎么走？如何把这样一所省级学校做得更强、更大？于是，就在这一年，"文化兴校，和谐发展"的发展策略开始成为我们践行的学校发展思路。

就在这个时期，围棋这种早已经在学校开展的常规活动异常醒目地激起了我们的浓厚兴趣，引发了我们的思考，促使我们把对围棋的理解与学校教育联系起来。围棋教育可以发展学生的精确计算能力、抽象思维能力、权衡判断能力；围棋可以训练学生沉着冷静、惯于思考、顾全大局的良好思维品质；围棋可以培养学生果断、随机应变、迎难而上、不屈不挠的意志品质；围棋可以培养学生高雅的生活情趣，促进学生良好个性的形成；围棋可以通过以棋会友的方式，扩展人际交往范围，提高人际交往能力……这些正是我们的学校教育想要着力培养而又苦无良途的人的"素质"。如果能把围棋这种游戏活动形式及内容引入学校教育中，使其成为学校教育的一部分，我们就找到了一条实践素质教育的有益途径。为此，我们决定尝试"围棋教育"！

学校领导班子在深思熟虑、多方权衡之后，大胆地做出了"发展围棋特色教育"的决策，并把它作为"学校文化"的一个重要内涵纳入"文化兴校"的总体发展规划之中。

我们的规划是宏伟的，不但要开展常规的围棋活动，而且要把"围棋教育"引入校园。虽然条件有限，面临的困难也很多，还有各种不理解的声音，但我们坚定了一个信念——先把围棋活动开展起来！

我们先是利用二课堂这种大家都能接受的形式把围棋活动大规模地开展起来，在原有二课堂的基础上做大、做实、做强。为此，我们把每周三下午列为围棋常规训练时间。学校组织了低年部和高年部围棋活动小组，参与围棋训练活动的学生明显增多，每个班级都有学生参加，围棋训练也逐渐规范化。

2. 社会关注：学校发展的基本法则是教育质量

把围棋大规模地引入二课堂赢得了学生的一片欢呼声，使得围棋兴趣小组成为当时校园最热门的兴趣小组。学生在棋盘上的忘我角智，不但带给他们快乐，而且使他们的各种能力得到了极大发展。好动的学生能够静下来思考了，粗心的学生开始精于计算了，胆小的学生在棋盘上拼得虎虎生威，行动鲁莽的学生也能权衡利弊了。学生在这些方面的进步让持怀疑态度的家长开始关心学生的围棋课外活动。

在这个阶段，虽然还是采用"兴趣小组"的活动形式，但我们的目光早就瞄准了市区组织的中小学生围棋比赛。对于荣根学校的教师来说，"有为才有位"的学校发展法则同样适用于学生。要想取得好成绩，就必须对学生进行踏实有效、严格有序的训练。

从学校领导到兼职教练都非常重视围棋课外活动，从训练计划的制订到落实都参照权威围棋训练课程进行。学生们所投入的学习热情也是令人欣慰的，只要是学校和教师安排的围棋训练，学生从不无故缺席，特别是临赛前的强化训练非常辛苦，但围棋兴趣小组的队员们没有一个人退缩。

"有付出就有收获"，我校学生围棋代表队分别于2004年4月和12月参加"深圳市中小学生围棋赛"和"深圳市少儿围棋公开赛"，均荣获团体冠军。在围棋队员们载誉而归后，我校的围棋教育也引起了教育主管部门、上级围棋教育部门和社会的高度关注，上级领导、各级围棋协会多次莅临我校，指导、考察我校的围棋教育活动。我校的围棋特色教育因此迎来了一次大好的发展机遇！

从学校的自我发展决策到受到社会的关注和好评，这是一个艰难的过程，也是一次艰难的跳跃，但机遇比困难多，上级领导的支持和我们脚踏实地的工作赢得了展现自我的机会，并最终赢得了社会的关注和积极评价，这些都为我们实现第三级跳跃准备了充足的条件。

3. 棋院创办：领导的支持让我们把愿望变成现实

2002—2004年，我们尝到了围棋教育的甜头，一边以课外活动的形式开展围棋教育并使之更加规范化，一边试图升级我校的围棋特色教育——把"棋院"办进荣根校园。把"棋院"办进校园的愿望终于在2005年3月变成现实，这是我校围棋特色教育发展的一个标志性事件。

"荣根棋院"的创办让我们又一次深刻地体会了上级领导和有关职能部门对学校发展的大力支持。如果没有各级领导部门及相关领导的殷切关怀和大力支持，创办"荣根棋院"的愿望只能成为一个难以实现的梦想。

同时，我们也坚信，机遇总喜欢光顾有准备的人。2002年就是这样一个大好机遇的开端。这一年，深圳市宝安棋院希望在区内的小学校园开办一所校园棋院，并为此聘请了一个社会调查公司对准备申报开办"棋院"的学校进行棋类社会反响度调查。我校抓住了这一难得机遇，积极申报参加此项调查。由于城区内的学校有多方面的优势，宝安棋院原计划把城区内及附近的几所学校作为重点考虑的学校，但调查公司的调查结果出来之后，大大出乎人们的预想——荣根学校对围棋的反响程度和接纳程度是接受调查的所有学校中最好的！为此，宝安区教育局、宝安区棋院在综合权衡了荣根学校围棋教育氛围、学校领导重视程度、围棋教育效果以及相关调查数据之后，郑重做出了把"棋院"办进荣根学校的决定。机遇就这样被我们揽入了怀中。

我们有了创办校园棋院的机会，但在实际运作过程中却遇到了很多困难。比如资金、场地、人员、家长和社区的支持、争取基层政府的支持等都是我们需要一个个去解决的问题。2002—2005这三年里，我们经历了一年的争取，一年的等待，一年的谈判，最后，在2005年3月，"棋院"终于矗立于荣根校园，并且在2005年下半年，荣根学校被中国棋院批准成立"荣根围棋俱乐部"，这在全国的中小学中也是非常少见的。

荣根棋院发展迅速，到目前为止，棋院已有围棋、中国象棋、国际象棋专职教练15人。

荣根学校已面向学生开展了以下三个层次的围棋教育：

（1）普及教育班。从一年级到三年级每个班开设围棋普及课，每周一节，纳入正式课程表（今后的围棋普及教育还要延伸到四至六年级）。

（2）常规教育班。把那些对围棋有浓厚学习兴趣，且家长也特别支持的学生组成常规教育班，利用每周一、三、四的第七节课和周六的上午对他们开展围棋训练，常规教育班目前有30多名学生。

（3）特色教育班。主要是针对一些特别突出的具有较高围棋领悟能力的学生，他们的围棋训练时间更多，除了正常的课业之外，每天一放学就要进入围棋俱乐部训练，吃住都在俱乐部，目前有30名学生参加了特色教育班的训练。

"荣根棋院"俱乐部成立初期就成绩显著：2006年8月，小棋手韦一博荣获"NEC"杯业余围棋公开赛冠军；同月，我校在广东省少儿围棋锦标赛上获得深圳市团体第一名；2007年5月，我校参加首届"广东省中小学少儿围棋甲级联赛"，荣获团体第一名；2007年8月，获得"椰树奶杯"全国少儿围棋团体赛亚军……

"荣根棋院"俱乐部从成立至今已培养出业余初段小棋手48名、业余二段小棋手29名、业余三段小棋手12名、业余四段小棋手6名、业余五段小棋手2名。

二、致谢——饮水思源志有为

我校发展围棋特色教育的大胆尝试与探索从一开始就得到了深圳市教育局、深圳市体育局、宝安区教育局、宝安区体育局、沙井街道办、沙井街道教办、深圳市棋院、宝安棋院等上级主管部门及领导的大力支持与帮助。我们真诚地感谢宝安区教育局郑映通局长，是他始终如一地支持学校的发展，多次亲自带队对学校的发展进行考察，并多次做出重要批示，激励着我们坚持不懈地努力。我们真诚地感谢沙井街道办陈杰峰委员，是他从资金、物质等方面给予我们大力支持，使荣根围棋特色教育和"荣根棋院"有了肥沃的生长土壤。我们真诚地感谢深圳市体育局蔡明远局长、深圳市棋院吴付久院长、围棋职业九段棋手梁伟棠、宝安棋院廖代雄院长等领导，是他们给予我校围棋特色教育以人力和技术支持，使我校围棋特色教育具有可持续发展的动力。

我们还要特别感谢我校董事会董事长陈仲言先生，他不但躬身指导我校的全面发展和围棋特色教育发展，不但给予物资上的慷慨支持，还无私地把陈荣根先生的祖居借让给"荣根围棋俱乐部"，让小棋手们和教练们生活起居在那里，他的无私和慷慨让我们感动不已。

我们还要感谢对荣根学校的发展和我校围棋特色教育发展给予支持、信任和帮助的社会各界人士，感谢我们的家长和可爱的学生，有了他们的坚定支持，我们前进的步伐会越走越坚实。

2008年，我校被深圳市教育局、体育局授予"深圳市体育传统（围棋）学校"荣誉称号。

"好风凭借力，送我上青云。"有了各级政府、各级领导、各路专家及社会各界的大力支持，我们就有了向更高目标攀登的厚实动力。我们所获得的这些强有力的支持，时刻鞭策着我们踏实工作，不忘使命，致力有为，勇创佳绩，时刻激励着我们用行动和成绩去回报社会。

三、展望——百尺竿头更追雄

我们欣喜于荣根围棋特色学校的创办和"荣根围棋俱乐部"的获批，然而，这还只是我校围棋特色教育所走出的第一步。我们的目标不止于培养几个小棋手去参加各级各类围棋比赛，去捧回各种各样的奖杯，虽然这也是我们荣根围棋教育的重要使命之一，但我们更重要的目标是把荣根学校打造成围棋特色学校，成为一所名实相符的围棋特色学校，让每个荣根学子在接受优质基础教育的同时，接受规范化、标准化的围棋教育，让围棋教育普惠于每个学生，把围棋教育夯实成一条推进素质教育的"快乐"通道，让学生在其中角智、怡情、砺志、磨性、品趣，全面促进学生素质的发展。

目前，我校围棋教育还只能使一部分学生受惠，高年段各班的围棋课还无法开设，即使是开设围棋课的低年段，其训练时间也偏少，而围棋教育作用的发挥是要以一定的时间和相应量的训练才能予以保证的。为此，我们将按照全面推进、分层提高的发展思路，办好普及班，突出常规班，强化特色班，让各个层次的学生都能从围棋特色教育中受益。

训练场地、开课师资、追加资金等方面都是我们极其缺乏的重要资源，为了促进我校围棋特色教育的发展，我们需要从各方面加以规划和完善。

我们要进一步完善围棋训练的其他配套设施，力求满足围棋训练的常规要求，并在条件允许的情况下不断优化设备设施的配置，目标只有一个，即保证围棋训练的质量。

在师资配置上，我们力求做到最优。我们将与深圳市棋院、宝安棋院充分协作，引进一流师资，力争为教练们创造优良的生活环境和工作环境，以使他们安心工作在荣根，更好地服务于我校的围棋特色教育，促进围棋特色教育更好、更快地发展。

"大鹏欲展翅，长风送我行。"荣根学校的发展离不开各级领导和社会各界人士的大力支持，荣根学校围棋特色教育的"大鹏"必定在"长风"之中展翅翱翔。

培育和德学校文化　塑造和美西湾人

在全校师生的共同努力下，学校在原有基础上稳步发展。"和德文化"理念深入人心，学校改扩建工程积极推进，全员参与的素养课程丰富多彩，学生基本素养全面提升，学校的社会反响进一步得到提高，教育行政部门、广大学生家长、社区以及上一级学校等对学校的认可度也进一步提升，师生的归属感和幸福感也进一步得到提高，学校在教育的城市化、信息化、国际化和现代化建设方面也得到了进一步加强和发展。

一、倡导和德文化，培养和美之师

"和合为美，素养为基"是学校和德文化的基础，是学校的出发点。本年度，学校提出了"倡导和德文化，加强校本研修，创新管理制度"的发展思路。依据这个发展思路，学校把和德文化逐步推向深层次、高台阶，以教师队伍的"和德"带领学校整体文化的发展。

在党员干部、党支部活动、党建工作中，倡导和德思想，把"两学一做"、支部建设与和德品质的提升相结合，提倡党员干部从自身做起，增强党性，起模范作用。学校提出"两创两做"的办公室文化建设倡议，将从以下四个方面着力发展：

（1）加强内涵文化建设。提倡讲政治、讲原则、讲秩序，树立正能量，不妄议党和国家的大政方针，与党中央保持一致，加强师德修养，不做对国家、民族、学校不利的事，不讲不利于团结的话，不违反学校的规章制度，争做一名合格党员。

（2）加强行为文化建设。倡导"学高为师，身正为范"，从个人形象、吃、住、行、穿、说等方面严格要求自己，力做君子，不做小人，不行有悖社会风气的事，不在公共平台发布不利于学校、教师形象的言论，不穿有碍社会风化的服饰。

（3）加强环境文化建设。学校倡导美化环境、净化环境、时尚化环境，让阅读文化、生态文化、精神文化、人文文化融入学校的和德文化之中。本年度，学校多方奔走，加快学校的改扩建工程步伐，西湾小学的改扩建工程已被列为"区十大民生工程"和"海绵城市"示范单位，学校的整体设计受到区领导和教育局的多次表扬。按照规划，新建的教学楼、综合楼、宿舍楼、地下停车场等相当于一个新建学校的规模，总建筑面积近2万平方米，投资超过2亿元。

（4）加强活动文化建设。学校倡导"简单生活六六法则"，即每天早上六点起床、晚上六点下班，每天阅读六千字，每天书写六百字，每天与六个人交流，做平凡人、做平凡事、做和谐人，培养和雅品质，积极参与学校的各项活动，并在活动中善于与他人沟通、交流、分享，共同成长。

"天和则清，地和则宁，谷和则丰，人和则安。"和德文化使西湾人"和为贵，和为安，和为上，和为进"。

二、完善管理制度，打造和谐校园

我校是首批现代学校制度建设示范校，是信息技术资源共享全区三个示范校之一，是全区学校信息化管理二十所示范校之一。学校积极推行以卓越绩效模式推进现代学校制度建设，始终坚持以"理性的观念，刚性的制度，人文化的管理，和谐的激励"为主导，逐步走向制度建设和文化创生的互动发展道路。

1. 修订管理制度

健全学校内部治理结构，以学校章程为纲领，梳理各项制度，形成健全、规范、统一的制度体系。本学期我们根据管理实践中所发现的问题，通过自上而下、由下而上的反复酝酿、群策群议，修订了《西湾小学教职工考勤管理制度》《西湾小学师德一票否决制管理办法》《西湾小学教学事故认定处理办法》等管理制度。

2. 打造制度文化

我校在制度建设中注重提炼校园文化的典型要素，逐步形成了以下理念，

使框架式的制度体系充盈着难以言喻的文化底蕴:

(1)"以人为本"。强调人生价值与职业价值的统一,引导教师自我超越,构建开放的、生机勃勃的、不断进取的团体。

(2)"终身学习"。不断完善内部激励机制,为教师创设自我超越的情境,让学习成为生命的源泉,使师生成为互动成长的共同体。

(3)"能者优先"。充分考虑制度的系统性、层次性,科学设计评价的公平性、层级性,促进教师脱颖而出,避免无形资产的"隐性流失"。

(4)"合理竞争"。强调竞争与合作的有机结合,在打造品牌教师的同时,带动团队发展。

3. 实施科学管理

(1)建设学习型组织,建立校本课题研究、校本教师培训、校本课程开发有机结合的校本管理制度,倡导工作学习化,学习工作化,强调合作与团队精神。

(2)转变管理方式,在完善规章制度的同时,转变控制管理为协调管理,转变静态的平衡管理为动态的和谐管理,确保管理工作在追求多元化平衡中实现螺旋式上升,注重学校的可持续发展。

(3)建立科学的评价体系,充分发挥多元评价的激励、导向和规范作用,使之成为教师自我认识、自主发展的依据。

4. 突显人文关怀

为了发挥教师的能动性,学校从管理制度上逐步彰显人文关怀,淡化领导意识和倾向,重视教师个体发展的需要和内在驱动力。

(1)让教师参与学校管理

学校通过校务开放、教代会、教工大会等途径,实现校务公开,使教师了解学校管理工作的情况,让教师有当家做主的感受。

(2)满足教师专业发展的需要

学校通过举行各项活动,如说课比赛、优质课展示、西海论坛、读书汇报等活动,给教师创设互相学习的合作交流平台、展示平台,让教师的潜能、才能得到最大的发挥,在幸福和适当的压力中提升素养。

三、创建生态德育，培养和雅品质

德育工作按照区"德育家庭年"的要求，以"培养和雅品质"为重点，通过创设良好的文明礼仪环境，要求教师以身作则，并开展丰富多彩的文明礼仪教育活动，来提升学生的文明礼仪意识。

1."一礼四行"，寓教于乐

讲文明，重礼仪是中华民族的传统美德。学校通过班会、宣传栏等形式普及文明礼仪知识，并组织编写了《一礼四行》一书，将礼仪教育写成80首儿歌，深入浅出，寓教于乐，使社会主义核心价值观的教育内容入眼、入耳、入脑、入口、入心，内化成为学生的自觉行为和基本的道德情感，让学生能够在具体行动中做到讲文明、懂礼仪，提升学生的文化素养。

2.日行一善，践行"十德"

要求学生每天有行动，日行一善。如送一个微笑、让一个位置、扶一位老人、道一声谢谢、做一件好事等，积小善为大善，养成每日自觉践行"十德"的良好习惯，提倡学生把善行感悟写在日记本上，陶冶情操，提升品质。

3.传承文化，创设氛围

学校广泛开展经典诵读活动，并通过读书交流、撰写心得、主题班会等活动形式，引导广大青少年自觉传承美德。如今，学校大多数学生都能流利背诵古诗，能背诵《三字经》《弟子规》《论语》《千字文》等篇目的有关片段。知行合一，塑造儒雅风范。班会课还组织学生把他们喜欢的歌颂美德的经典故事、古诗、名人名言等进行共学共赏。

4.节日活动，探寻传统

将节庆进行分类，如元宵节、端午节、中秋节划归为文化类节日，重阳节为爱心类节日，清明节为纪念类节日等，整合资源加以开发和利用。根据节日的特点，收集不同的节日素材，挖掘有价值的教育内容，围绕节目主题，精心设计实践体验活动，让学生在参与中获得体验，增长知识，丰富情感，养成优良品德。例如，春节可以通过图画和文字的形式，让学生了解春节的习俗；元宵节可以开展猜灯谜活动，让学生感受元宵节带来的乐趣；清明节可以开展继承"缅怀先辈，文明祭扫"主题教育系列活动；端午节可以开展包粽子、吃粽子活动，让学生了解端午节的文化内涵；教师节和中秋节可以开展"我把真情送老师或长辈"，在学生的心中扎下"真、善、美"的根。

5.树立榜样，弘扬正气

少先队大队部将"西海之星"评比表彰与礼仪教育深度融合，开展"文明之星""三好学生""阳光少年""美德少年""进步之星"等评比表彰活动，学校宣传橱窗展示了这些学生的风采以及成长宣言，用榜样的正能量来感染和激励学生。

6.文体活动，展示个性

学校按照"育人在细微处，成长在活动中"的德育理念，开展丰富多彩的活动，包括教学活动、主题实践活动、少先队主题系列活动和学生社团活动等，让学生在活动中体验、感悟、提升，把德育做真、做实、做活，获得了很好的成效。本学期学校通过开展学科节活动和各种校园活动，如科技节、数学周、语文周、英语周、"庆六一"文艺会演、社会实践活动、军训、香港领导力素质课程学习等活动，既让学生在这些活动中体验人与人之间的关怀和交流，体验人性的平等、尊重、和平共处，又让学生体验参与，娱乐性情，学习知识，增长才干。如今的西湾学子自信、朝气、文雅、阳光、有个性、有气质，众多学生、家长、社区对此评价很高，校外参加各种比赛、活动时也深受组织方和外校师生的好评。

四、加强校本研修，建构生态课堂

先进的理念引导是教师专业化发展及提升的动力源，和德文化的熏陶赢得了良好的学校氛围。目前，学校校本研修、课程改革在和德文化的影响下，效果与内涵更加丰富，老师参加各种技能比赛，如课题研究、对外交流课、说课比赛等屡获奖项，学校倡导的生态课程、素养课程，理论导向好，实际效果好，"三创生态课堂要素"已深入人心。"三创生态课堂要素"是指创造积极主动的学习，创造合作与交流的学习，创造综合与表现的学习。

1.建设示范教研组，课题引领教学改革

加强语文、数学、英语、音乐、体育、美术、科学、信息等八个教研组建设，推行每单周科组教研、双周年级组集体备课做法，切实开展教学研究，

聚焦生态课堂，提升教学效果。本学期，科学、信息两个教研组被宝安区评为"示范教研组"。

目前，每个教研组都有自己的教研课题，并在区级年度规划课题中立项，如语文"海量读·日日写"、数学"错题纠偏"、英语"单元整体教学""攀登英语"、体育"校园足球"、信息"机器人"、科学"生态课堂"等立项课题，引领学科专题教学，推进生态教学，提升教学质量。其中，周锦和宋瑞两位语文老师分别出版发行了个人教学专著《班主任那些事儿》和《好玩的作文》。

2. 开辟特色课程，培育学生"八大素养"

（1）管乐特色持续发展。继上届六（7）班管乐A团全国载誉之后，本学期管乐B团又荣获全国管乐节会演"示范乐团"称号，参加年度深圳管乐节荣获金奖。本学期期末，学校将再组西湾小学管乐C团，形成管乐梯队。

（2）开发市"好课程"。李冬亮老师、宋瑞老师接受市教科院的委托，分别开发"跟李老师学书法"和"好玩的作文"这两项课程，课程开发成功后将通过专家验收，在学校实验推行，将成为校本课程。

（3）开设走读制的素养课程。学校继续结合"四点半活动"开设了84节素养课程，每周五下午学生参加各自选定的素养课程活动。校本课程实现了三个对接，即课程设置与学生社团对接，课程内容与"五大节"对接，学生兴趣与教师专长对接。丰富多彩的课程内容与有效的三环对接，使校本课程体系更加完善，教育效果更加显著，促进了学生素质的整体提升。

通过第一课堂的基础教学、第二课堂的拓展训练、专题活动的挑战展示，有效地强化了学生的核心素养，提升了教学质量。

3. 强化校本研修，促进师生同步成长

积极组织参加各级的教学培训，强化校本研修，促进教师的专业成长。通过网络学习、专家指导等形式强化校本研修，教学教研成果显著；成功举办了学校"生态课堂研讨会"，其精彩发言令人耳目一新。全校教师同读一本书《未来简史》，期末集中进行读书汇报交流，触动彼此，教师从中受益匪浅。

（1）教师队伍活力持续激发。在宝安区教师技能大赛中多人获得一等奖。例如，黄郁如老师参加了全国第四届"绿色课堂"小学科学教学大赛，获得第一名，这是学校科学教研组集体备课的成果体现。青年教师陈冲、黄晓丹参加第二学区数学说课比赛均获一等奖，陈冲老师将在下学期代表学区参加宝安区的比赛。周锦老师承担2017年秋季开学第一课，学校组织教研组多次听课、研课、改课，逐渐达到满意效果，期待下学期初的展示。林坚文、宋瑞、黄晓丹、周锦、朱伟林等教师还到贵州支教，课堂教学水平赢得支教单位赞许，校本研修成果突显。教师篮球队青年组获得学区篮球比赛第一名，获得混合组第二名，这些成绩的取得源自平时的努力和团队的凝聚力。

（2）特色教育绽开花蕾。西湾小学管乐团以《成功之路》和《春天来临的喜悦》两首曲目在"全国第十一届优秀管乐团队展演"中再次获得"示范乐团"称号。学校合唱队表现出色，学生以饱满的情绪表达、精细的和声技巧征服了评委和观众，获得深圳市合唱比赛金奖，展示了学生较高的艺术水平和艺术素养。书法队学生参加区赛不仅成绩突出，而且功底扎实，谈吐高雅，让观众信服。英语科组编导的话剧获得深圳市剧本和录像两个一等奖。此外，数学活动周、深圳市"校园十佳文学少年"的评选、科技活动周、"六一"文艺会演和书画展览、学生足球联赛活动和赛事等，都让人欣喜地看到学生在健康成长，综合素质得到逐步提升。

五、加强对外交流，拓展合作力度

加强对外交流，拓展合作力度，是学校办学进一步拓宽视野和开阔思路，走国际化、现代化学校建设的又一个发展战略。学校在进行课程改革、文化艺术、教育教学管理基础上加强对外交流与合作，为师生成长搭建起更广阔的发展平台，进一步扩大学校的影响。

本学年学校接受了四批校长挂职学习，相继接待了江西、广东、浙江、四川、香港以及加拿大、巴拿马、马来西亚等国内外参观交流团，他们对西湾的和德文化深表赞扬，认为西湾人和谐，有文化、有气质。不少学校还将我们推行的"简单生活六六法则"全套搬回，在其学校推广实施。通过这样的交流学习、结对互助，充分地开发和利用共享的优质教育资源，推动了交流双方的共同提高，使学校教育文化管理影响力更大。

加强与其他社会组织的交流与合作。西湾小学与恒生医院互挂校长、院长工作室即将开展多方交流，与社区共同开展帮扶活动，与交警大队等组织开展联合行动。

家长也积极参与学校教育教学，护学岗、义工组织等发展态势良好。西湾家长义工组织已达400多人，每天在上学、放学时段协助执勤，保障师生通行安全。

除此之外，通过"请进来，走出去"的形式开展多种交流活动，借鉴并吸收一些先进的、开放的教育教学理念，让教师和学生开阔眼界，增长知识。例如，学校派遣教师到贵州织金支教上门，到龙川扶贫支教，到重庆、成都、新疆、江西、湖南等地外出学习，派遣28名学生赴香港参加领导力素质课程学习等。

目前，学校发展态势良好。身为西湾人，在西湾这个大家庭中，和德立人，和美为尚，我们幸福着，快乐着，但也存在不少问题。我们的管理还不到位，不够细致周到；我们在校园信息化、学校发展国际化等方面还有很多不足。今后，在加快改扩建工程的同时，要整体设计学校未来的发展规划和发展方向，明确学校的优势和劣势，把握机遇和挑战，为把西湾办成人民满意的学校而努力。

述职感悟

第八篇

精神培育是学校发展的原动力

——2008—2009学年度述职报告

大家好！转眼间，又一个学年过去了，当我擦擦眼睛，追寻过去的脚印时，忽然间，在教育生涯的经历中，感悟出了一个新层次的认识，那就是学校精神培育对学校发展的深层次作用，这也许是教育在我的生命历程中点燃的新的火花。当然，这也可能早就被别人下过定义或已经不是什么新鲜提议，但这是我真正体验和实践后的感慨，而且，也让我从中有新的发现和启迪。为此，我想以本年度中我个人的所悟所做，作为本年度的述职重点，给各位考核组领导和同志进行汇报，希望得到大家的批评和指正。我汇报的题目是："精神培育是学校发展的原动力"。

一、培育学校文化，确立办学理念是办好学校的关键

教育事关一个人的一生，事关国家民族大任；教育就如一棵大树，要把根深扎在土壤里才能常青；教育的源头在学校，而学校的生存与发展则根植于学校的文化土壤。

学校文化所关注的是对人的生存方式和生命意义的教育，它追求师生的情感与精神和谐发展，追求生活的质量与人的境界完美，它赋予一切以活力，以生命的最佳意义，它在学校生活中形成具有独特凝聚力的学校风貌、制度规范和精神气氛，影响着广大学生的学习和成长。

实践证明，良好的办学理念是支撑和引领教师发展、学生发展和学校发展的关键。正是基于这样的思考，2008—2009学年度，我们提出了办学口号、发展思路、发展方针、发展取向和精神文化。

（一）办学口号

"办好学，让每一个学生上好学，上好每一堂课，教好每一个学生"。

（二）发展思路

（1）抓管理、促创新、健机制、提质量。

（2）坚持开放教育，探索"四育"途径,强调个性发展，全面提高质量。

（三）发展方针

（1）积极探索并努力开创建立在学生全面健康发展基础上的命育、心育、文育、能育，即生命教育、心理教育、文明教育、能力教育。

（2）积极探索并努力开创建立在有效家庭教育基础之上的家长教育、社区教育、体验教育。

（3）积极探索并努力开创建立在教育思想解放基础上的开放教育。

（4）积极探索并努力开创建立在教师教育智慧基础上的智慧教育。

（四）发展取向

1. 五 精

本学年度要在以继续努力提高教育质量的基础上，树立精粹理念，实施精致德育，创造精品教学，落实精细管理，打造精美校园。

2. 五学会

本学年度要在探索"四育"的同时，不断强化本质教育，让学生在"学会做人、学会学习、学会生存、学会做事、学会健体"上不断提升，为人生成功奠定基础。

3. 四种人

坚持倡导"让生命在教育工作中闪光"，倡导规划职业、规划人生，让每一位教职员工逐渐成为"学习型人、发展型人、奉献型人、幸福型人"。

4. 五关心

继续坚持以"关爱他人"为核心主题开展德育工作，使学生在实践活动、体验教育中逐渐学会"关心同学，关心父母，关心师长，关心学校，关心国家"。

5. 四个共同体

继续坚持倡导"以人育人，共同发展"的教育理念，要通过学校教育、家庭教育、社区教育以及家长学校、家长委员会、集体家访等教育活动方式，使学生、教师、家长以及学校、社区、家庭都能紧密地联系在一起，结成一个建立在一定文化认识基础上的文化共同体、情感共同体、利益共同体和具有相同认识的生命价值共同体。

（五）精神文化

1. 五句话

继续倡导"成功是由目标铺设而成的""细微之处见品质""没有任何借口""思考是勤奋的眼睛""借事炼心"等荣根传统文化，统一思想，沉淀学校文化。

2. 九种精神

以"荣耀中华，根植自强"的荣根精神为精髓，着力培育以下九种精神：

（1）永不放弃的学习精神。

（2）刻苦钻研的敬业精神。

（3）尊重他人的民主精神。

（4）勇于反省的批判精神。

（5）遵循规律的科学精神。

（6）锐意突破的创新精神。

（7）终生不悔的奉献精神。

（8）生生不息的自强精神。

（9）不断超越的开放精神。

二、坚持成功教学法和"组结式"校本培训，为学校内涵式和深层次发展奠定良好基础

（一）成功教学法是教师成功、学生成功的有效方法

教师的成功表现为学生的成长与成才。常言说，教师的生命在学生身上延续，教师的价值在学校身上体现。学生学得好、学得轻松、学得快乐，是教师最大的心愿，也是家长和社会最大的追求。"办好学，让每一个学生上好学"，办人民满意的教育，其最终表现就是学生的素质和能力。本年度，我们在2007年度的基础上继续推行成功教学法，不仅深层次地发展了课改精神和方

法，也取得了教师和学生共同提高的"双丰收"。

下列数据说明了我们的变化：

（1）及格率提高1%。

（2）优良率提高6.7%。

（3）平均分提高2.03%。

（4）全校不及格人数减少12人。

与没有实施成功教学法之前对比，效果更让人惊喜：

（1）及格率，语文、数学、英语分别提高8.3%、4.5%、3.1%。

（2）优良率，语文、数学、英语分别提高28%、14.6%、13.3%。

（3）平均分，语文、数学、英语分别提高8.53%、6.23%、5.23%。

（4）全校不及格人数减少55.88%。

成功教学法的先查后教、当堂训练、日清周结，我们一定要继续坚持。此外，一个中心，两个基本点，七个环节是成功教学法的全部内容，我们要深刻理解和全面掌握。

（二）"组结式"校本培训是教师专业化发展的有效模式

荣根学校近年来之所以能得到教育主管部门、办学单位、广大家长和社会各界的普遍认可，最主要的原因是有一支爱岗敬岗、为人师表、刻苦钻研、勇于奉献、专业成长的教师队伍，这支队伍铺就了荣根人成长的土地，同时，"组结式"校本培训促进了荣根人的成长。学校的"小连环"教学研究模式屡次被媒体报道，它不仅改变了教师的教学观、教学方式、教育行为、教学质量，也改变了教师的学习观、成长观及学生的学习方式。还有"荣根讲堂""教练式""雁领式""沙龙式"的专业成长方式让荣根教师拥有了一个成长、成功发展的平台，这就是我们创立和实践的发展之路，我们要珍惜它、爱护它、发展它、创新它、继承它，让它伴随我们一起成长。

三、严格训练，品行养成，是学生成长的基石

一年来，荣根学校接待了一批又一批国内外的参观访问团，受到了大家的认可，不仅学校的教学质量是市、区第一，而且我们的严格训练和学生优良品行的养成受到了肯定。学校的德育工作卓有成效，学生校长助理团、文明督

导岗、环保小卫士、小小医生、小记者团、荣根之星、礼仪之星、红领巾广播站、校园电视台以及鼓号、美术、音乐、书法、围棋、民乐、管乐、戏曲、航模、文学社等学生团体，让学校的精神、文化、风采、风貌得以传播、发扬和呈现，让社会和家长认可我们的教育和做法，我们没有把功利纳入学校教育的内容和目的，我们全心全意、静心做事，一步一个脚印地在做着基础教育。学校人文环境优美，校园到处充满欢乐，是学生和家长愿意来的地方，是和谐的乐园。这说明什么？说明这就是教育，这就是文化传播的地方。在此，真诚地感谢我们每一位教职工，感谢热爱荣根、关心荣根、支持荣根的每一个人。荣根精神、荣根文化就在我们的言行中，在学生的成长里，在荣根每一个人的发展中，尤其在荣根毕业的学生今后的成长和成才中。

四、一些成绩

我校2008—2009学年度共获奖359人次，其中，国家级4项、省级11项、市级78项、区级142项、街道级124项。

教师获奖132人次，其中，国家级4人次、省级2人次、市级9人次、区级73人次、街道级44人次。

学生获奖195人次，其中，省级7人次、市级54人次、区级55人次、街道79人次。

本学年，学校被评为"全国艺术教育先进单位""全国科普教育实验学校""全国五·五普法先进学校""广东省中小学校本培训示范学校""广东省建立侨捐项目监管制度工作先进单位""广东省信息技术试验学校""深圳市安全文明标兵学校""宝安区群众体育先进单位""宝安区国学实验学校""宝安区教育工作先进单位""宝安区阳光体育学校""宝安区教师、家长培训督导'双优'学校""第十三届全国中小学生绘画、书法作品比赛组织工作先进集体"，荣获"和胜基金杯"泛珠三角洲城市围棋锦标赛小学A组团体冠军、沙井街道"和睦友善"书画交流优秀组织奖等，《人民教育》《中国电化教育研究》《中国教师报》《深圳特区报》《宝安时报》《宝安教育报》、宝安电视台等多家媒体单位对我校进行了报道，鄂尔多斯、马来西亚等地区或国家的兄弟学校、教育考察团等来校交流。

本年度本人取得如下成绩：

（1）被评为全国普法教育先进工作者。

（2）被评为2008年深圳市教育系统先进教育工作者。

（3）被评为沙井街道优秀共产党员。

（4）2006—2008年宝安区沙井街道重视妇女工作好领导。

（5）在国家级刊物发表文章2篇、区级1篇、省级1篇。

五、存在问题

（1）教学质量发展不平衡，个别年级、个别班级、个别科目差距明显。

（2）办学特色和强项需要进一步打造。

（3）校本课程建设还要继续加大力度。

我相信，只要我们肯努力，有决心，荣根学校一定会不断发展，朝着现代名校的方向不断迈进。

自我评分：

德：25分，能：18分，勤：17分，绩：29分，总分：89分。

2008年7月

把握好学校发展的关键期
创办高水平的现代化学校

又是一年匆匆而过，下面就本年度个人工作、学习、生活做以下汇报。

一、对学校发展的思考

本年度，学校经历了较多的评估督导和验收，尤其是本学期迎评《深圳市义务教育阶段办学水平的评估》，评估组对学校的评价和发展诊断为荣根学校今后的发展指明了方向，也使我对学校的成长与发展有了更加明确的思考和目标。以深圳市教科院副院长叶文梓为组长的评估组，在对学校的办学水平评估反馈意见中提到以下几点。

1. 荣根学校是一所具有特别意义的学校

荣根学校是陈荣根先生捐资建校后移交给政府，到目前为止，还一直以基金会捐资的形式为学校注入发展资金的学校。所以，这所学校现包含着陈荣根先生对家乡，对教育的一片关心，也包含着港澳台侨胞对祖国的热爱和对祖国教育事业的关注，因此，办好这所学校有特殊意义。

另外，荣根学校也是一所跨时代的学校，学校的发展历程与特区的发展历程极其相似，办好这所学校必将为深圳教育的发展提供非常有价值的案例。

2. 荣根学校处于发展的关键期

荣根学校发展至今，从一个农村学校成为一所区域名校，与企业发展的生命周期相似，如今，荣根学校已进入发展的高原区，能超越自我是非常关键的。

学校发展必然要适应社会发展，而社会发展正处于矛盾高发期，这些矛盾必然在学校发展中也有明显呈现，能否解决这些矛盾是非常关键的。

随着社会发展，教育已成为社会关注的焦点，竞争也越来越激烈，能在区域发展中继续保持优势，保持引领作用也非常关键。

评估组的意见，使学校领导班子感到压力很大，危机感十分强烈。为此，我们认为，学校今后的目标定位和发展思路要从以下四个方面着手，即队伍、课程、制度、文化，实现学校第三次创业，而抓好这四个要素的关键是解放思想。思想不解放，精神不振奋，学校发展就缺乏动力。所以，我们要从现在开始，树立第三次创业的决心和信心，大胆改革、创新和实践，认真分析目前的形势和任务，力争在今后三至五年内使学校有新的腾飞。

二、学校发展规划设计

三期建设设想，即把学校办成九年一贯制学校；办成42个小学班，24个初中班，24个国际班；办成纯小学，但包含有一所特殊学校。

一期建设：在后山兴建24个初中教学班规模的教学区，在低年部广场兴建体育馆，在原百花园兴建服务楼，共投资8500万元。

二期建设：分别拆除高、低年部，将现结构改建、扩建成各容纳24个班或48个教学区的小学部和初中部。

三期建设：拆除现教工宿舍区及食堂，兴建学校图书馆。

三、本年度值得肯定的成绩及做法

1. 学校方面

本年度，学校获得了区德育绩效示范校，区无烟学校，区广播体操示范校，区阳光体育健康校，区眼保健操示范校，区田径、足球、围棋传统项目校，区、市、全国优秀家长学校创建校，市书香校园，全国校园文化建设创新基地，广东省校长培训基地等荣誉称号。学校在创建市校园文化、艺术教育特色学校等方面的工作得到市教育局的肯定，尤其是在打造智慧校园、诗意校园、生命校园、和谐校园等系列活动中开展的"学棋知礼，修德增智""学军守纪，励志健体"等活动规模浩大，影响深远。学校不仅通过了市办学水平评估，而且赢得了好评，《人民教育》《中国教育报》《中国教师报》《语言文字报》《深圳特区报》、广东卫视、深圳市电视台等多家媒体对学校进行了宣传报道。

2. 个人方面

本学年，我被区推荐为省万千工程名校长培养人，挂牌成立了区名校长工作室，参加了市首届名校北大高端研修班，在《人民教育》《中国教育报》上刊发文章5篇以上。

四、存在问题及努力方向

打造名师团队，建设一流的现代化学校，培养现代文明和谐之人，是我们努力的方向，我们要不断地克服思想禁锢，摒弃功利主义，把学校真正地办成让生命自然成长的乐园。

2008年7月

教植根本　立德树人
担当使命　献身教育

在课程改革、立德树人、传承和弘扬中华优秀传统文化中，作为教育人，我度过了2010—2014年的校长聘期。应该说，这是转变思想、重拾信仰、立足实际、正人正己的一个聘期，是迎接挑战、适应新时代潮流的一个聘期。下面就这个聘期我的思想、工作、生活情况做出总结，期望得到大家的批评和指正。

一、加强政治思想建设，在党的群众路线教育实践活动中正己修身

一棵小树要成长为大树，成为有用之才，能为大自然贡献价值，关键在于其根能深植大地，其干是正直、挺拔，其叶是繁茂，其枝是兴盛。人也是如此，一个人的价值就取决于其能否为社会、为人类、为民族做贡献，是否正直、廉洁、有责任、诚信、仁爱、自信。在党的群众路线教育实践活动中，我在上级党组织的指导与帮助下，经过反复自查自纠、自我反省，对照"四风问题、三严三实"等过程深刻地反省自身存在的问题与不足。通过反省自查、相互批评，我知道自己距离一个合格的共产党党员，距离一个人民群众要求的学校法人还有一定的距离。比如责任心不强，联系群众欠缺，对教育教学过程中新出现的问题解决办法不多、效果不好，教育教学改革力度不大，接受新事物意识不强等。但是，我有决心通过不断努力、不断修炼，成为一名合格的共产党党员，努力办好人民满意的教育。

二、加强个人修炼，在教育改革的大潮中感悟教育、体现教育、办好教育

实现中华民族伟大复兴，即实现"中国梦"，首先要实现"教育梦"，实现教育的伟大复兴梦！这几年，学校倡导并提出了"教育使命""教育梦"的教育理想，提出了"要以教育的现代化、国际化培养现代文明和谐之人"的培养目标，积极倡导和推进"学本课堂"的构建，积极开展"组结式"校本研修，积极创建深圳市校园文化及艺术教育特色学校、市阳光体育学校、省书香校园、全国优秀传统文化教育研究实验基地等，积极创建"学校、社区、家庭"三位一体的生态教育网络，积极开展课题研究，申报并承担国家省、市、区科研课题，主持和参与各项课题的开题、结题、中期科研，开辟网络研修实验基地等。总体而言，影响和效果都不错。例如，我校开展的国家教育部、人力资源和社会保障部核心能力研究课题，省市各大媒体机构都进行了报道；"组结式"校本培训在广东省项目办推广；"小连环"教学研究成为省校本培训种子校和培训模板等。

学校的体、卫、艺在省、市、区的多项比赛中获得了奖励和表彰，学校的传统文化教育得到教育部、中国教育学会的肯定。目前，学校已成为教育部中国教育学会传统文化教育研究实验基地，读书活动在省内有名，成为广东省书香校园等。今年，学校还被评为中央教科院德育研究示范基地、宝安区群众体育示范校、全国心理教育示范校、区文明学校等，学校对外的声誉和影响进一步扩大，我在广东省《教育创新》杂志上发表了文章，同时被评为省校本培训项目专家和学科专家等。

多年的教育实践让我体会到，教育的本质是朴素教育，顺其自然，张扬个性，厚德载物，办好学校，承担国家责任、民族责任、学校责任、家庭责任、个人责任这五大责任和义务。

三、适时播种，顺势而作，追寻教育生命的支点

2014年度，荣根学校受命改制为九年一贯制学校，学校将扩大规模、提高层次，学校教育、学校管理如同农耕，适时播种、顺时而作，要顺其自然，法

其本质，要把学校办成"文化源""文化指挥中心"。办人民满意、民族振兴的好教育，需要担当、激情、感情、用情，更需要用心、用力，我愿意去努力、去拼搏，和全校教职工一起把学校办成一所优质现代化的学校。

四、认清形势，担负使命，献身教育

度过了2010—2014年的校长聘期，回顾自己走过的教育路，至今已整整31个年头，在荣根学校也已有16载，我从当年的一个毛头小伙到今天的年过半百、双鬓斑白，把我的青春和爱心全部奉献给了教育，我无怨无悔，我庆幸自己是一名教育工作者。随着时代的发展，作为教育战线上的一名老兵，我发现，时代对教育要求更高、更强、更大。目前，荣根学校正处于发展的关键时期，还有很多的教育工作需要我们去完成，比如如何建立现代化学校制度，依法治校，依法治教，让改制后的学校进一步高层次发展；学校在加强课程领导力方面如何去努力等。我只想说，献身教育是我一生最大的追求。

让学校精神引领学校发展

匆匆又是一年。本年度，在国家课程改革的大方向指引下，在各级教育行政部门的领导下，学校稳步发展。学校分别在两个学期的发展思路上制订了适合自己的发展思路，上学期发展思路为传承优秀文化、坚持课堂变革、倡导和谐文明、践行使命教育；下学期发展思路为坚持依法治校、提升人文素养、文化引领发展、课改推进转型。"思考是勤奋的研究"这是荣根人常说的一句话，发展思路就是思考。两个学期的发展思路表述虽有所不同，但大方向是一致的，即在国家依法治国的大前提下，推进学校的法制建设；在国家课程改革的大前提下，推进学校的课程改革。同时，加强中华文化的传承，倡导文明和人文素养的提升，为中华民族实现伟大复兴奠定人文基础。

一年来，学校沿着制订的发展思路不断努力，在全校教职工和家长、学生的共同努力下，取得令人满意的成绩，比如学校被评为中国教育学会学校文化分会理事单位、教育部语文教师专业化发展工程基地校、全国优秀家长学校、全国影视教育实验校、广东省依法治校示范校、广东省书香校园、深圳市办学水平评估经验示范校、深圳市体育传统学校、宝安区国学教育示范校、宝安区慈善文化进校园试点学校、宝安区家长教育特色项目学校、宝安区三八红旗单位、宝安区公民办中小学结对帮扶优秀校等。同时，去年11月广东省校本培训项目办在学校召开了全省校本培训现场会，今年5月，深圳市教育局将学校推荐为第四批市民走进身边的好学校，并举行了现场展示活动，众多媒体机构如中央电视台·发现之旅频道、《人民教育》、《国家语言文字报》、《考试》、《南方都市报》、《深圳特区报》、《晶报》、宝安电视台、《宝安日报》等先后对我校进行了报道。

学校的"小连环"教学研究和校本网络培训，应邀在国家教育行政学院向全国校本培训基地校做经验介绍和推广，并将其实践环节作为课例在全国干部网络学院推广，学校的国学教育在全国性的会议上进行介绍等，学校的足球、田径、粤剧、牙齿保健等项目在全国、省、市、区都有一定的影响力。全校本年度获区级以上集体奖项41项、教师获奖70项、学生获奖316项，特别是李新连主任到河源茶山小学支教，由于工作努力，不仅带动了当地的教育发展，而且获得了"感动宝安优秀教育人物"荣誉称号，为全区教师树立了榜样。在当今社会，我校发扬了"敢于竞争，富于创新，善于协作，乐于奉献"的荣根精神，是荣根人的真实写照，是荣根学校的骄傲和自豪，是荣根人的骄傲和自豪。

荣根学校已走过了32年的发展历程，渡过了生存期、成长期、发展期，正迈向成熟期，正像30多岁的人一样，要为今后的人生确定一个好目标、好方向、好道路。加之，学校不仅要改制，还要进一步扩大规模，扩展办学层次，重新布局，重新建设新校舍，面临的挑战和机遇都很大，而这个时候，也往往是人比较困惑的时候，这就需要认识清晰、思路明确、选择正确、目标远大。后期学校该怎样发展？如何走好每一步？我觉得，学校今后的发展首要的是要继续发扬荣根精神，大力倡导"荣耀中华，根植自强"的荣根精神，并把这些精神贯彻落实在我们的教育教学实际工作和生活中。学校的扩大，首先是我们心胸和视野的扩大，一颗狭隘的心是办不成大事的！

一个人，能不能活得有价值，生命是否有意义，关键在于其是否有一种精神，是否有一个追求，是否有一份奉献之心、事业之志。我不敢说我有，但我一直在努力，我愿意同大家一起为荣根学校的发展而努力拼搏。

2008年7月

以生态化思想办学　以和德文化育人

　　转眼间，来到西湾小学已经一年了。这一年来，我觉得自己被深深烙下了西湾人的印记，走出去没人再说我是"井里人"了，已经成了"乡里人"了。在此，我首先想要表达的是，感谢在座的全体教职工在这一年里给予我工作、学习、生活上的接纳、理解和支持。我出生在农村，长时间生活、工作在比较偏远的村镇或城市边缘地区，多年的生活经历，让我不喜欢繁华的城市生活，甚至有时候让我感到我注定是一个农村人或者乡下人。然而，命运偏偏要让我在工作生涯中靠近城市生活。所以，当我迈进西湾大门的那一刻，我怕我不能适应这里的环境，怕《红楼梦》中刘姥姥走进大观园的情境在我的生活中重现。还好有各位教师给予我的接纳、支持、帮助、关心和理解，让我尽快地融入西湾这个大家庭，鉴于我多年与荣根的关系，大家又建起"西湾—荣根"一家亲的两校关系，既丰富了两校之间的情感，又多了一位朋友校。从这里我看出了西湾人埋藏在心里的一种文化精神——"和"文化，即"和美、和谐、和德、和雅、和贵、和顺、和悦……"同时，也让我感受到了西湾人的接纳、爱、成长、发展、自然的感情文化，即生态化思想文化。基于这样的文化认识，下面向大家汇报我这一年的工作、学习和生活情况，希望得到大家的理解和指导。

一、以生态化思想规划和设计学校的发展与建设

　　今年正是学校"十三五"发展规划年，同时也赶上了学校改扩建的大设计和建设时节，怎样才能用今天的建设和设计使教育的延迟性在今后的社会发展中得以发挥作用，使学生成为未来的人才？规划、设计和生态化思想为学校"十三五"发展规划制度和学校改扩建工程设计提供了精神文化和设计文化以及建设文化的依据，学校投资1.2亿，建筑面积达到1.5万平方米的两栋教学楼、

一栋综合楼、一栋辅助用房楼将在今年年底和明年年初开建，到2020年学校将成为有54个教学班的六年制小学。

二、以卓越绩效管理模式推进现代学校制度建设

本学年度，经过大家共同努力，学校被评为深圳市7所卓越绩效管理先进校、深圳市现代学校制度建设示范校、深圳市依法治校示范校、深圳市足球特色学校、深圳市阳光体育示范校、全国校本培训基地校等；师生在国家、省、市、区各级各类比赛中获得表彰和奖励达800多人次；下学年，市教育局还将在我校举行全市推进现代学校制度建设现场会，这都与学校实施卓越绩效管理模式，提升和推进学校发展有关。卓越绩效模式推进学校现代制度建设的做法是一种大胆的尝试，也是现代学校制度建设科学化、程序化、绩效化的保障，我们还将不断地按照这种方式积极构建适应时代发展的现代学校制度建设。

三、以"和德文化"为基础，构筑学校的精神文化

"大学之道，在明明德，在亲民，在止于至善。"教育的本质是提升人格品质，中华民族的根基是"和德""和为贵""和天下""德为尚""厚德载物"，所以，"和德"是中华民族的基础文化，也是华夏儿女的基本人格品质。倡导和大力推进"和善、和美、和孝、和顺"的学校"和"文化，以及"德为首，德冠天下"的文化是学校育人的文化方向。这一年来，我校的"八大素养展示活动"、"和"文化节、"六一"节等大型活动都以"和德文化"贯穿始终，"和德文化"已成了西湾人的另外一种文化标识，我们还要大力倡导和弘扬光大，让其真正成为西湾人的独特标识。

四、积极构建"生态课堂"和"素养课程"，着力培养学生核心能力

课堂是学校教育的主阵地，课程是学校教育的主内容，主要表现在学校质量和学校教育效果这两个方面。首先，构建一种能使学生终生受用的知识和能力系统是我们的追求，合作、交流、沟通、数学应用、信息处理、解决问题等

都是学生核心能力的体现。为此，我们培养学生学会积极主动的学习，学会合作与交流的学习，学会综合与表现的学习，这是构建"生态课程"的主题，加上"互联网+"的时代背景，我们要构建社会化学习的课堂模式，让课堂学习向社会化学习、社会性学习和社会面学习转变，这也是"生态课堂"的要素。其次，要构建素养课程体系。本学年学校开设了70多节素养课，最主要的还是以深圳市"八大素养"为课程的主要指标，结合学校的二课堂兴趣等加以开发。可以肯定地说，课程开发必将为学生打开更广阔、更全面的学习空间。

五、以艺体特色项目为主干，打造学校教育特色

艺术与体育是学生腾飞的翅膀，知识、智慧和能力是学生必备的技能。西湾小学在艺体教育上，尤其是书法、管乐、田径、版画等方面基础良好，今年学校又在足球、体育、舞蹈、围棋等项目上着力，希望每个学生都能实现"1+1+1"艺体发展和特长发展。下个学年，学校还将在这些传统项目和着力项目上继续构建科学、规范、高效的发展路径和发展措施，在人力、物力、财力上重点关注，使学校在这些项目上的发展逐步达到区域的最好水平，最终形成西湾小学的品牌和特色。

六、存在问题与改进方向

匆匆而过的一年，还没有来得及回味就已过去了。在西湾的这一年里，我坚持读书，不仅自读还与大家一起共读一本书，分享读书体会。每次我应邀外出讲话时，都会向别人学习和比较。我觉得，我校未来发展的空间还很大，学校在现代化、信息化、城市化、国际化建设等方面还有很多的事要去做，例如：

（1）我们的教育、教育方式与时代发展和教育发展的要求还相差甚远，要加快改进。

（2）我们的教师专业化发展与校本研修路径和方法都需要加强。

（3）我们的干部队伍和教师队伍的人文素养、智慧成长还需要进一步提升。

总之，我们前面的路还很长，我们要加强努力，为实现个人的生命价值和教育的发展而努力。

和德做人　和雅处事　和谐共生

转眼间，又一个学年结束了，来到西湾也整整两年了。2016—2017学年在全校师生的共同努力下，学校在原有基础上稳步发展。"和德文化"深入人心，学校改扩建工程积极推进，全员参与的素养课程丰富多彩，学生基本素养全面提升，学校的社会反响进一步得到提高，教育行政部门、广大学生家长、社区、上一级学校等对学校的认可度也进一步得到提升，师生的归属感和幸福感也进一步增加，学校在教育的城市化、信息化、国际化和现代化建设方面也进一步得到加强和发展。下面就这一学年来我的思想、工作情况向全校教师做汇报。

一、深刻理解"和德文化"的本质价值，把"和德文化"的倡导与建设继续推上新台阶

"和合为美，素养为基"是学校和德文化的基础，是学校的出发点。本年度，学校提出了"倡导和德文化，加强校本研修，创新管理制度"的发展思路，依据这个发展思路，把和德文化逐步推向深层次、高台阶，以教师队伍的"和德"带领学校整体文化的发展。

首先，在党员干部、党支部活动、党建工作中，倡导和德思想，把"两学一做"、支部建设和贯彻落实省十二大党代会精神等与和德品质进行提升和融合，与学校和德文化的形成相依托，提倡党员干部从自身做起，增强党性，从而起模范作用。学校具体提出了"两创两做"的办公室文化建设倡议，人人以四个方面着力。一是内涵文化建设。提倡讲政治、讲原则、讲秩序，树立正能量，不妄议党政和国家的大政方针，与党中央步伐保持一致，加强师德修养，不做对国家、民族、学校不利的事，不讲不利于团结的话，不违反学校的规章制度，争做一名合格的中国共产党党员。二是行为文化建设。倡导一言一行，学高为师、身正为范的行为规范，在个人形象和吃、住、行、穿、说等方面严

格要求自己，要做君子，不做小人，不行有悖社会风气的行为，不在公共平台发布不利于学校和教师形象的言论，不穿有碍社会风化的服饰。三是环境文化建设。倡导美化环境、净化环境、时尚化环境，让环境影响人、激励人、发展人、改变人，让阅读文化、生态文化、精神文化、人文文化融入学校的和德文化之中。四是活动文化建设。倡导"简单生活六六法则"，每天早上六点起床、晚上六点下班，每天阅读六千字，每天书写六百字，每天与六个人交流，做平凡人，做平凡事，做和谐人，养和雅品质，积极参与学校的各项活动，并在活动中与他人交流、沟通、分享。常言说，"天和则清，地和则宁，谷和则丰，人和则安"。和德文化使西湾人"和为贵，和为安，和为上，和为进"。

其次，在教师引领下通过言传身教，培养学生的文明礼仪习惯，德育方面着力学生的文明行为和良好习惯的养成，学校的节日活动、各种校园活动，包括学科节活动，如科技节、数学周、语文周、英语周、"庆六一"、"民族节"等，让学生在这些活动中体验人际关怀和交流，体验人性的平等、尊重、和平共处，体验参与，娱乐性情，学习知识，增长才干。可以说西湾学子现如今大方、自信、朝气、文明、阳光、有个性、有气质、文雅，学生、家长、社区对此评价很高，在校外参加各种比赛、活动、交流深受组织方和外校教师、学生的好评，如管乐团上海参演、香港领导力素质课程学习、社会实践活动、军训活动等，好评连连，赞不绝口。

再次，学校校本研修、课程改革也在和德文化的影响下，其效果和内涵更加丰富，教师参加各种技能比赛、课题研究、对外交流课、说课比赛等屡次获奖；学校倡导的生态课程、素养课程，理论导向好，实际效果好；"创造积极主动的学习""创造合作与交流的学习""创造综合与表现的学习"的"三创生态课堂要素"已深入人心。正是拥有先进的理论引领才是教师专业化发展及提升的动力源，和德文化的熏陶才是西湾人取得赞誉的本质。本年度，学校接受四批校长挂职学习，接待的江西、广东、浙江、四川、香港等地区以及加拿大、巴拿马、马来西亚等国外参观交流团，都对西湾的和德文化深表赞扬，称赞西湾人和谐，有文化气质，许多地方也将我们的"简单生活六六法则"全套搬回，在其学校推广、实施。和德文化也促进了学校与其他社会组织的交流与合作，西湾小学与恒生医院互挂校长、院长工作室，即将开展多方交流，与社区共同开展帮扶活动，与交警大队等开展联合行动。家长也积极参与学校教育教学，成立了护学岗、义工组织等，其中西湾家长义工组织已达400多人，每天在上学、放学时段协助执勤，保障师生通行安全。教师们积极读书、分享读书快乐，积极参与继续教育、外出培训，学校的好课程开发、课题研究等都在区里名列前茅，全区下学期的"开学第一课"也将在西湾举行。学生参加街道、区、市各级各类文体音艺术、学科等比赛成绩良好，包括管乐、足球、合唱、书法、田径、学生校长助理团、小卫士团等在区、市都有很好成绩和口碑。

最后，学校加快制度建设，积极推行以卓越绩效模式推进现代学校制度建设。我校是首批现代学校制度建设示范校，是信息技术资源共享的全区三个示范校之一，是全区二十所学校信息化管理示点校之一，在学校国际化建设方面也是区首批示范校。在深圳市读书月活动中，全市仅有三所学校被评为示范校，西湾小学就其中之一，香港卫视全程转播活动过程，在国内外影响好，市文博会西湾展示区被省、市媒体单位多次报道。

在西湾这个大家庭中，和德立人，和美为尚，我们幸福着幸福，快乐着快乐！

二、加快学校改扩建工程，把学校建设得更美更现代

本年度，学校多方奔走，希望加快学校的改扩建工程进度。目前，新建的教学楼、综合楼、宿舍楼、地下停车场等相当于一个新建学校的规模，总建筑面积近2万平方米，投资超过2亿元。西湾小学的改扩建工程已被列为区十大民生工程和海绵城市示范单位，学校的整体设计受到教育局和区领导的多次表扬。

三、存在问题和今后发展方向

目前，学校发展态势良好，但是也存在不少问题，一是我们的管理还不到位，不够细致周到；二是我们在人的城市化、校园信息化、学校发展国际化等方面还有很大差距。

今后，在加快改扩建工程建设的同时，要整体设计学校未来的发展规划和发展方向，明确优势和劣势，把握机遇和挑战，为把西湾小学办成人民满意的学校而努力。

传承和德文化　建设和美校园

转眼间，又是一年。

这一年，我们的发展思路是传承历史文化、培育现代品质、实施生态教育、建设未来学校。

一、我们的发展模式

我们的发展模式是"五生"发展模式。

发展思想（发展根基）：生态教育发展思想。

发展方向（发展主干）：生命式学校发展模式。

发展路径（德育主干）：生活式德育发展模式。

　　　　　（教学主干）：生成式教学发展模式。

　　　　　（学校活动）：生长式学校活动模式。

　　　　　（安全教育）：生存式安全教育模式。

二、我们的发展策略

实施"二二"建设工程，即两项显性工程（学校拆除重建工程和学校课程建设工程）和两项隐性工程（学校文化建设工程和学校特色建设工程）。

1. 两项显性工程

（1）学校的拆除重建工程。在历经了几年的设计、思考，再设计、再思考并更改、完善等发展变迁之后，目前的最终方案是：先建后拆，全新建设，全新设计，引领未来，设计立项同步进行。该工程已被列为区重点建设工程。

（2）学校的课程建设工程。课程建设是学校适应时代发展要求，办人民满意的教育的关键和基本。把国家课程、地方课程校本化，这是一项十分重大的建设工程。按照教育部提出的"核心素养"培养方向，市局提出的"八大素养"，区局提出的教育发展"城市化、信息化、国际化、现代化"要求等，学校目前在课程融合、体验教学方面进行了一探索，这需要教师转变角色，转变理念，打破专业界限，打破原有教育教学模式，打破学科界限，以课程理念为指导，构建有效课堂，如音乐教学课、品德体育课、品德数学课、体育外语课以及美术外语课等。

2. 两项隐性工程

（1）学校文化建设工程。环境可以改变人，办学校就是办文化。在环境文化、制度文化、课程文化、管理文化、人文文化等方面，学校还有很多方面需要建设和创新。目前，由于拆除重建工程的延续和思考，学校的主要思想放在学校未来的设计与建设上面，在未来相当长的一段时期内不能落后时代要求，要完成区局领导要求，要引领未来区域发展的要求。这既是各级政府领导的要求，也是广大人民群众的期望，责任重大，意义深远，所以一定要尽最大努力去做。

（2）学校特色建设工程。未来学校应建设成为既要把百年西湾精神加以传承，又要把时代元素融入学校，让学校逐渐走出市、省，走向全国，甚至走向世界。这很难，也很具有挑战性，所以必须未雨绸缪，传承与创新，谋划好学校未来的发展和特色定位。

三、我们发展的重点

我们发展的重点如下：

一是构建学校育人新样态，倡导和德做人、和雅处事、和谐共生。

二是培育学生核心素养，倡导人文为魂、人伦是根、人性唯美。对具体育人方式提出了微笑、感恩、勤奋、守纪律的素质成长要求。值得注意的是，这学期德育处开展的"微笑月"活动、感恩教育活动以及以"微笑、感恩、勤奋、守纪律"为篇章的节日文化活动（"庆六一"活动、"社会实践"活动）等，既彰显了西湾人的文化和精神追求，又展示了我们的教育思想和育人目标。更重要的是，学校开展的系列活动取得了良好的社会效益和教育效果，让西湾学子在内心深处埋下了中华文化和中华文明的种子。在教学方式上提出了生态课堂基本理念框架，把人、自然以及社会之间的相互联系与教育教学方式改变相结合，把课堂目标、课堂价值和课堂教学关键要素三者之间的关联进行了较为明确的界定。为改变学校课堂教学方式、课堂结构、课程体系、学习方式等提出了新的设计和思路，为把学生核心素养的培养落实在课堂教学之中奠定了理念基础。同时，明确了生态课堂的三个关键要素，即创造积极主动的学习、创造合作与交流的学习、创造综合与表现的学习；明确了课堂的价值体现为文化传授、能力提升、发展关系、改变观念；明确学习方式以合作学习、小组学习、体验学习等为主。

四、我们发展的抓手

我们发展的抓手主要体现为三点。

1. 推进卓越绩效管理运作与创新

卓越绩效管理运作与创新主要是积极推进依法治校、依法治教，依据"学校章程"和学校制订的发展规划规范学校行为，使学校工作沿着良性发展轨道前行。

2. 素养课程平台的拓展与实践

素养课程平台的拓展与实践主要是积极依据学生发展需求和素养提升开设素养课程。目前学校的素养课程已达90多门，全校学生可根据需求自主选择课程。素养课程实行走班式、选择式，全员参与，并且不断与时代要求相结合，改进和创新课程体系和课程内容，为学生今后的发展提供素养基础。

3. 特色项目建设与创新

学校坚持传统与创新相结合的原则，力求传统项目做出品牌，创新项目引领发展。目前，学校开展的管乐、书法、足球、田径、篮球、国际象棋等项目坚守传统，击剑、跆拳道、网球、京剧等项目引领新发展。

五、我们的基础工程

我们的基础工程就是团队建设。

1. 领导团队建设

学校坚持以红色文化引领学校文化，以党建工作引领学校工作，学校党支部、学校班子坚持中心学习制，坚持按照上级党组织、行政部门的要求，完成党组织、学校班子建设任务，弘扬正气，凝聚人心，构建文化场。

2. 教师团队建设

学校提出"三进""四出"教师发展思路。其中，"三进"即进本、进课、进班，"四出"即出本、出书、出绩、出人。

进本：即入师。新教师先入师，再学师，后成师。踏入教师行列，就意味着与品行、品德、修养、君子、正气、正人等方面关联，要有职业感悟，要树立师德、师能、师风、师行。

进课：即学师。教学实践、课堂活动、科研进修、专业提升、拜师学艺，逐渐成长，进不了课成不了师。

进班：即成师。没有教育人的经历，没有与人打交道、学人、做人、理解人、帮助人、看人、识人的阅历，不能阅人无数，难以成师。成师就是要从徒弟变师傅，就要有创新、有创造、有成果。

出本：教师既要能走进课本、走进教本、走进课堂，又要能出得来课本、教本、课堂。

出书：要有自己的风格、言论、特点、目标和愿景，要能"书"出结论、"书"出体会、"书"出感悟、"书"出理论、"书"出哲学，不能人云亦云，不能永远跟在他人后面。

出绩：就是要出成绩、出效绩、出结果。教学质量要高，教学效益要显著。

出人：就是要培养出优秀的人才，为学生今后的成功、成才、成人打下好基础，就是要真正的桃李满天下，成为恩师，而不是永远只是教师。

六、我们存在的问题与努力方向

教育理念的转变，教育方式的更新，教师专业化发展和校本研修、个人提升这些方面都需要我们去学习和前进。很多时候我们有惰性，还有自我满足的情绪，我们的学识、智慧、教育理想还有待提高。

这一年来，我们取得了不少成就，学校全体师生获国家级奖项80多次，省级奖项300多次，市区级奖项1200多次，学校被评为国家级国际家校特色校、全国校本研修学校、省足球示范校、区禁毒先进校等；《中国教育报》、广东卫视、《深圳特区报》、深圳市电视台、《宝安时报》、宝安电视台等多家媒体机构对学校进行了多次报道，我也在国家级刊物发表文章5次，先后参加全国讲座10多次，被湖南师大、深圳大学聘为硕士生导师和讲座教授。此外，有几批省内外校长来我校挂职，我校与英国、加拿大等国家建立了友好关系，接待国内外参观交流团上千次，社会反响和评价越来越好，上级学校和教育行政部门给予我校以肯定。学校的办学水平也越来越得到肯定，许多媒体也给予了学校深度的关注和广泛的报道。但是，未来的路还很长，我们还要加倍努力。相信在和德文化的引领下，西湾的明天会更好！

2008年7月